高等职业教育教材

高速铁路信号与通信

刘建国　张仕雄　**主　编**

郑毛祥　**副主编**

姜家富　谢静高　**主　审**

中国铁道出版社

2016年·北京

内 容 简 介

　　本教材由具有高速铁路信号与通信运用、维护和管理经验的生产一线工程技术人员和具有丰富课堂教学实践的"双师型"教师组成的校企合作团队共同编写。教材全面、系统地介绍了高速铁路信号与通信的基本概念、基本原理、基本知识、基本设备及维护的基本技能,以及世界各国高速铁路信号与通信技术及设备的发展情况。全书共分为十二章,主要包括绪论、列车运行控制系统、调度集中系统、计算机联锁系统、信号集中监测系统、高速铁路信号系统集成、传输系统、数据网系统、移动通信系统、FAS系统、综合视频监控系统,以及会议电视系统与铁路应急通信系统等内容。

　　本书为高等职业院校铁道信号自动控制专业和铁道通信与信息化技术专业的学历教材,也可作为从事高速铁路信号与通信运用、维修、管理等专业技术人员及现场技术工人的培训教材,以及对高速铁路信号与通信技术有兴趣人士的参考读物。

图书在版编目(CIP)数据

　　高速铁路信号与通信/刘建国,张仕雄主编. —北京:中国铁道出版社,2016.1
　　高等职业教育教材
　　ISBN 978-7-113-21147-9

　　Ⅰ.①高… Ⅱ.①刘… ②张… Ⅲ.①高速铁路—铁路信号—高等职业教育—教材 ②高速铁路—铁路通信—高等职业教育—教材 Ⅳ.①U284 ②U238

　　中国版本图书馆CIP数据核字(2015)第286782号

书　　名:**高速铁路信号与通信**
作　　者:刘建国　张仕雄　主编

策　　划:金　锋
责任编辑:吕继函　　　　　　　编辑部电话:010-63589185-3096　　　　电子信箱:lvjihan@tqbooks.net
封面设计:崔丽芳
责任校对:孙　玫
责任印制:李　佳

出版发行:中国铁道出版社(100054,北京市西城区右安门西街8号)
网　　址:http://www.tdpress.com
印　　刷:三河市宏盛印务有限公司
版　　次:2016年1月第1版　　　　2016年1月第1次印刷
开　　本:787 mm×960 mm　1/16　　印张:13.75　字数:375千
书　　号:ISBN 978-7-113-21147-9
定　　价:29.00元

前　言

　　"红灯停、绿灯行"是传统铁路或轨道交通的行车凭证。作为常识人们知道，没有铁路信号和通信设备，铁路（或说轨道）上行驶的列车就像瞎子和聋子在大路上行走，难以到达目的地。长期以来，火车司机都是以地面信号为行车凭证，控制列车的运行状况，地面信号机早已成为铁路行业的标志性设施之一。

　　然而，随着列车运行速度的提高，尤其是高速铁路的出现，作为行车凭证的地面信号已经无法满足高速运行列车的需要。这是因为，在普通铁路上两信号机间距离（也称区间）一般在 600～1 000 m 左右，列车在常、中速运行时，一旦发生紧急情况，通过地面信号告知司机，司机从确认到采取有效措施有足够的时间使列车停下来，以确保行车安全。而当列车运行速度达到 200 km/h 及以上时，列车运行 1 000 m 的时间仅需 18 s，甚至更短，致使一旦发生紧急情况司机从确认信号到采取措施的时间大大缩短，或说已经根本没时间（因超出了人的肉眼视力反应的极限速度）采取有效措施了。因此，当今世界各国高速铁路普遍采用了具有超速防护功能的列车运行控制（TCS）系统来确保行车安全。

　　高速铁路上动车组能高速度、大密度地安全运行，除有大功率牵引动力和坚实的线路设备、供电系统支撑外，还有一套完整的列车运行控制（TCS）系统。

　　我国高速铁路信号与通信技术，在引进吸收、学习借鉴、实践积累、探索创新的基础上，经过不懈努力，已经形成一整套并拥有自主知识产权的全新系统——中国列车运行控制系统 CTCS（Chinese Train Control System），并进入到产业升级、产品换代、快速发展的全新时代，受到国内外同行的关注。具备参与世界高速铁路列车控制系统建设和运营市场竞争的能力，是我国现代控制技术中的一个极具特色和发展前景的璀璨明珠。

　　高速铁路信号与通信系统是保障高速动车组运行安全，提高运输效率的关键技术装备。它是集计算机技术、现代通信技术和现代遥感技术、自动控制技术、机电一体化技术为一体的行车指挥、列车运行控制和管理自动化系统。是保障动车组行车安全、提高运输效率的核心技术和设备，同时，也是我国轨道交通技术装备现代化的重要组成部分，受到世界各国科技工作者的高度重视并得到快速发展。

截止到 2014 年年底，全国高速铁路营业里程已突破 1.6 万 km，超过世界高速铁路运营总里程一半以上。自 2007~2014 年，高速铁路累计发送旅客 31.6 亿人，占铁路旅客发送量的比重，由 4.8% 增长到 38.5% 左右；2015 年春运期间，高速铁路动车组的日均发送旅客 263.4 万人，占全路旅客总发送量的 41.7%；目前，全路高速铁路日均开行动车组 2 500 多列，日均发送旅客 249 万人，成为铁路客运的主力军。随着我国高速铁路建设的发展和运营公里数量的增加，其在国民经济及人们日常出行生活中的影响和作用日显突出。因此，高速铁路运行的安全、稳定和可靠性备受世人关注。

与此同时，高速铁路的快速发展，对高速铁路信号与通信的施工、检测、维修、管理等方面的专业技术人才的数量和质量需求，提出了迫切要求。如何尽快、高质量地培养一大批能够全面、系统地掌握和驾驭高速铁路信号与通信技术的复合型技术技能人才，是施工、检测、维修、管理好高速铁路信号与通信设备的基础和保证。

为迅速打造一支掌握高速铁路信号与通信技术的专业人才队伍，满足高速铁路信号与通信施工、检测、维修、管理等方面对高层次、高技能、专业化、复合型技术人才的需求，推广、传播高速铁路列车运行控制专业知识，我们组织具有高速铁路信号与通信方面施工、检测、维修、管理实践经验的生产一线工程技术人员和具有丰富教学实践的"双师型"教师，组成教材编写团队，通过校企合作共同编写了此教材。

本教材在教学内容的编排上，注重理论联系实际，突出基本概念、基本原理、基本知识、基本设备及基本操作等内容，图文并茂地介绍了世界各国高速铁路信号与通信设备的典型型式和发展动态，力求使满足教学需要与符合学生的学习、认知规律相统一，以期达到教学内容的全面性、系统性、时代性、实用性及可操作性。

　　本教材由武汉铁路职业技术学院编写团队共同完成，其中刘建国、张仕雄任主编，策划并统稿全书，郑毛祥任副主编，中国铁路总公司运输局高级工程师姜家富、中铁第四勘察设计院集团有限公司高级工程师谢静高任主审。其中，第一章由刘建国编写；第二章由柯倩编写；第三章由张仕雄编写；第四章、第五章由张艳编写；第六章、第七章由卢冬霞编写；第八章、第十一章、第十二章由郑毛祥编写；第九章由鄢江艳编写；第十章由高鋆编写。

　　本教材编写过程中得到了武汉铁路局、广州铁路（集团）公司、武广和沪蓉高速铁路有关专家与技术人员的大力支持和帮助，并参考、借鉴、吸收了其提供的相关文献及资料，在此一并表示感谢。

　　由于编者水平有限且编写时间仓促，教材中难免存在疏漏、不妥之处。诚恳希望各院校师生及相关读者提出批评及改进意见。

编　者
2015 年 10 月

CONTENTS 目 录

第一章　绪论 1

第一节　高速铁路的发展与特征 …………………………………………………… 1
第二节　高速铁路信号系统的构成特征及发展趋势 ……………………………… 11
第三节　高速铁路通信系统的构成特征及发展趋势 ……………………………… 14
思考题 …………………………………………………………………………………… 20

第二章　列车运行控制系统 21

第一节　列车运行控制系统概述 ………………………………………………… 21
第二节　CTCS-2 级列控系统 ……………………………………………………… 26
第三节　CTCS-3 级列控系统 ……………………………………………………… 28
思考题 …………………………………………………………………………………… 32

第三章　调度集中系统 33

第一节　调度集中系统概述 ……………………………………………………… 33
第二节　调度集中自律控制原理 ………………………………………………… 37
第三节　调度集中系统控制中心子系统 ………………………………………… 42
第四节　车站子系统 ……………………………………………………………… 46
第五节　网络子系统 ……………………………………………………………… 48
思考题 …………………………………………………………………………………… 50

第四章　计算机联锁系统 51

第一节　计算机联锁系统概述 …………………………………………………… 51
第二节　计算机联锁系统工作原理及结构 ……………………………………… 52
第三节　DS6-K5B 计算机联锁系统 ……………………………………………… 56
第四节　EI32-JD 型计算机联锁系统 …………………………………………… 59
思考题 …………………………………………………………………………………… 62

第五章 信号集中监测系统 63

第一节 信号集中监测系统概述 …………………………………… 63
第二节 与其他系统的接口 …………………………………… 69
第三节 监测信息及对象 …………………………………… 72
思考题 …………………………………… 74

第六章 高速铁路信号系统集成 75

第一节 高速铁路信号系统集成概述 …………………………………… 75
第二节 既有线提速的信号系统集成 …………………………………… 77
第三节 时速 200～250 km 高速铁路的信号系统集成 …………………… 80
第四节 时速 300～350 km 高速铁路的信号系统集成 …………………… 81
第五节 京津城际铁路信号系统集成 …………………………………… 83
思考题 …………………………………… 86

第七章 传输系统 87

第一节 传输系统概述 …………………………………… 87
第二节 SDH 传输技术 …………………………………… 88
第三节 MSTP 传输技术简介 …………………………………… 98
第四节 WDM 传输技术简介 …………………………………… 103
第五节 OTN 传输技术简介 …………………………………… 108
思考题 …………………………………… 112

第八章 数据网系统 113

第一节 高速铁路数据网 …………………………………… 113
第二节 网络安全 …………………………………… 129
思考题 …………………………………… 131

第九章 移动通信系统 132

第一节 GSM-R 系统概述 …………………………………… 132
第二节 GSM-R 系统网络结构 …………………………………… 133
第三节 GSM-R 相关系统的功能与应用 …………………………………… 147

第四节　CIR 设备组成与功能 ·· 157

思考题 ··· 160

第十章　FAS 系统 161

第一节　高速铁路 FAS 系统概述及基本原理 ················· 161

第二节　高速铁路 FAS 调度通信系统设备组成 ············· 168

思考题 ··· 173

第十一章　综合视频监控系统 174

第一节　综合视频监控系统的构成 ································· 174

第二节　综合视频监控系统的应用 ································· 187

思考题 ··· 194

第十二章　会议电视系统与铁路应急通信系统 195

第一节　会议电视系统 ·· 195

第二节　铁路应急通信系统 ··· 205

思考题 ··· 209

参考文献 ··· 210

第一章
绪　论

本章提要: 本章主要介绍了高速铁路的发展及特征,重点分析了高速铁路信号系统及通信系统的构成及其特征,展望了高速铁路信号系统及通信系统的发展趋势。

第一节　高速铁路的发展与特征

随着科学技术和市场经济的不断发展,各种交通运输工具被陆续开发研制出来,并相互间展开了激烈的竞争。虽然不同时期竞争的重点不同,但其竞争的焦点不外乎是安全、速度、环保和舒适等,其中最核心的仍然是速度(即快捷)。为满足人们对现代化交通工具的需要,适应环境保护、节能降耗、市场竞争的需要,世界各发达国家积极开展新型交通运输工具的研究和开发。经过近半个多世纪的艰苦努力,在现代科技的支持下,在对传统铁路管理体制进行改革和技术设备全面改造升级的基础上,高速铁路这一快捷、安全、舒适、环保、节能、大运量的新型交通运输工具应运而生,并迅速推广,成为当今许多国家交通运输中的"新宠儿"。

一、国外高速铁路的发展

1825 年英国人修建了世界上第一条铁路,因火车运行速度大大高于当时的轮船和马车的速度,且有运量大、全天候、可靠性高等优点,从而,在 19 世纪后半叶到 20 世纪初得以在世界各国迅速发展,并很快形成网络,成为发达国家交通运输的骨干,对当时工业化发展和社会经济文化繁荣起到了极大的推动作用。

从 20 世纪 50 年代开始,世界交通运输工具进入了现代化、多样化、大众化阶段。汽车及高速公路的出现,以及飞机等新型运输方式的快速发展,使得它们分别以其快速、灵活、便利、舒适的特点进入交通运输市场,从而使铁路这一传统运输方式逐步处于市场竞争的劣势。受到这些长短途新型运输工具快速发展的两面夹击,铁路面临了前所未有的严峻挑战。自 20 世纪 60 年代开始,铁路在西方发达国家首先陷入"夕阳产业"的被动局面,一度处于停顿或撤除的状态。它迫使铁路运输企业不得不思考如何通过体制创新和提高技术创新,并通过列车运行速度来拯救铁路产业,夺回失去的市场。

铁路运输管理体制的改革,让西方大多数国家的铁路由国有走向私有、民营或混合管理模式,使铁路运输企业降低成本,增加了活力,出现了新的生机,但要真正夺回失去的市场,还要通过技术创新,提高列车运行速度,增强其市场竞争能力,才能赢得市场。

为此,从 20 世纪初至 20 世纪 50 年代,德国、法国、日本、瑞典等国进行了大量的有关高速列车的理论研究和试验工作。1903 年 10 月 27 日,德国人用电动车首创了试验速度达 210 km/h 的历史纪录;1955 年 3 月 28 日,法国人用两台电力机车牵引三辆客车,使试验速度达到了 331 km/h。但直到 20 世纪 60 年代,高速铁路技术才在日本首次投入商业运营。

日本从 20 世纪 50 年代末开始,为迎接第 18 届奥运会在东京召开,加快了研究和建设高速铁路的步伐。1964 年 10 月 1 日,世界上第一条高速铁路——日本东海道新干线(Shinkansen)建成,并在 10 月 10 日第 18 届国际奥运会开幕前正式投入运营,列车最高运行速度达到 210 km/h,打破了保持多年的铁路旅客列车运营速度的世界纪录,使东京至大阪的旅行速度较此前提高了一倍。

随着世界性的能源危机、环境污染、交通拥堵等问题的愈演愈烈,迫使各国政府重新认识铁路在环保、节能、全天候、大运量方面的比较优势。世界发达国家根据本国经济发展、科技实力、国土幅员、工商业布局、人口分布等具体国情,从国民经济发展的需要出发,先后研发或采用了高速铁路这一现代客运交通工具。与此同时,随着与高速铁路有关的一系列新技术、新工艺、新设备、新产品的研究取得突破和发展,以及各国铁路运输管理体制改革的逐步深入到位,世界铁路进入了一个高速铁路大发展的新时期。

目前,世界上运行时速在 200 km 及以上的新建高速铁路营业里程已超过 2 万 km。这些线路虽仅占世界铁路总营业里程的 1.5% 左右,但却担负着各拥有国铁路较大一部分的客运量且经济效益十分显著。如日本现有四条新干线,约占日本铁路(JR)总营业里程的 9%,却承担了铁路旅客周转量的 1/3;法国现有三条高速新线和 TGV 列车通行网络,分别占法国铁路网总营业里程的 4% 和 18%,却承担了一半以上的旅客周转量;德国正在运营的高速铁路及时速达 200 km 的 ICE 列车通达里程只占德国铁路总营业里程的 1% 和 10%,却担负着 50% 的旅客周转量。

随着高速铁路技术的完善和发展,以及高速列车运行速度的不断提高,从 20 世纪 60 年代时速 210 km,80 年代时速 250～300 km,90 年代末到 21 世纪初时速已达 350 km 左右。有些国家通过对既有线进行改造,使列车的运行时速也达到了 200 km 及以上,个别线路时速甚至达到 220～225 km。

旅行时间的节约、乘车环境的改善、出行费用的降低、安全可靠性的增强,再加上国际社会对人们赖以生存的地球的环保节能意识的增强,使得高速铁路在世界范围内呈现出蓬勃发展的强劲势头。欧洲、美洲、亚洲许多国家和地区,正在计划进一步加快高速铁路的建设。专家预测,21世纪的铁路将会出现一个高速铁路全面发展,全球性高速铁路网大建设的新时代。

纵观世界高速铁路的建设和发展历程,大约可划分为三个阶段:

(1)20世纪60年代至80年代末期——高速铁路建设的第一次高潮。

1964—1990年,建设并投入运营的高速铁路有:日本的上越、东北、山阳和东海道新干线;法国的大西洋TGV线,东南TGV线;德国的汉诺威—维尔茨堡高速新线;意大利的罗马—佛罗伦萨线。高速铁路总里程达3 198 km。此间,遍布全国的新干线网主体结构在日本建成。除北美外,世界上经济技术最发达的日本、法国、德国、意大利等,共同推动了高速铁路的快速发展,带来了世界高速铁路建设的第一次高潮。

(2)20世纪80年代末至90年代中期——高速铁路网建设的第二次高潮。

高速铁路建设在日本、德国和法国取得的成功,影响了其他很多国家。20世纪80年代末,世界各国对高速铁路的高度关注和研究重视,酝酿了高速铁路的第二次建设高潮。第二次建设高峰形成于20世纪90年代的欧洲,涉及的国家主要有:英国、瑞典、荷兰、比利时、西班牙、意大利、德国、法国等。1991年,瑞典开通了X2000型号的摆式列车;1992年,西班牙引进德国、法国的技术,建成了471 km的马德里—塞维利亚高速铁路线;1994年,英国和法国通过吉利海峡隧道连接在一起,建成了世界上第一条跨国跨海高速铁路连接线;1997年,从巴黎开出的"欧洲之星",又将德国、荷兰、比利时、法国连接在一起。这一时期,意大利、德国、法国,以及日本对高速铁路的发展进行了全面规划,推动了世界高速铁路建设的第二次高潮。

(3)20世纪90年代中期形成至今——高速铁路建设的第三次高潮。

20世纪90年代中期,形成了高速铁路建设研究的第三次高潮。这次高潮波及大洋洲、北美、亚洲及整个欧洲,形成了一场世界性的铁路运输复兴运动。自1992年以来,荷兰、英国、澳大利亚、韩国、俄罗斯等国家,以及我国台湾省等地区,均先后开始建设高速铁路新干线。据不完全统计,为配合欧洲高速铁路网建设,东部和中部欧洲的罗马尼亚、希腊、捷克、奥地利、波兰,以及匈牙利等国家,正在全面改造干线铁路,此间,修建高速铁路新线的国家和地区已经达到12个,修建新线里程达3 509 km,形成了世界高速铁路建设的第三次高潮。

二、我国高速铁路的发展

高速铁路代表了当代世界铁路发展的新趋势,是20世纪交通运输发展的重大成就,是人类智慧的结晶和共同财富。我国作为一个地域宽广、人口众多、能源资源相对匮乏、环境保护任务十分繁重的发展中国家,大力发展高速铁路,对于推动国民经济又好又快发展、解决长期困扰我们的铁路运输速度不快、运能不足、舒适度不高、难以满足人们出行需要等问题来说，可谓是一次难得的机遇和明智的选择。

我国铁路运输网的形成及对高速铁路的研究相对世界发达国家起步较晚，但自21世纪以来，高速铁路的研究和建设得到快速发展。20世纪80年代末，我国铁路科技工作者在跟踪、引进、吸收、消化国外高速铁路技术的基础上，开始了我国的高速铁路研究工作，同时开始了京沪高速铁路构思阶段。1990年，原铁道部完成了《京沪高速铁路线路方案构想报告》，并提交全国人大会议讨论，这是我国首次正式提出兴建高速铁路。在"八五"期间，也开始着手高速铁路的前期研究，但由于众多原因，实质性进展不大。

1998年5月，广深铁路电气化提速改造完成，将最高时速提高到200 km/h。为研究摆式列车在中国铁路既有线运行至高速的可行性，同年8月，广深铁路有限公司租赁瑞典X2000摆式高速动车组投入运用。由于全线采用了众多20世纪90年代国际上先进水平的铁路技术和设备，因此，当时广深铁路被视为中国铁路由既有线改造踏入高速铁路的开端。1998年6月，韶山8型电力机车在京广线郑州至漯河试验中跑出了时速240 km的速度，创下了当时的"中国铁路第一速"，成为了国产第一款高速铁路机车。

自1997年开始，我国铁路在全路先后进行了六次旅客列车大面积提速，并为发展高速铁路进行了各项技术准备。1999年我国开始兴建秦皇岛至沈阳的秦沈客运专线，这是我国建设的第一条高速铁路线，设计时速为250 km。同时，它也是我国高速铁路的前期实验段。

2004年，我国开始着手全面引进国外高速铁路技术。在对国外高速铁路进行引进、吸收、消化、改造、创新的基础上，通过以市场换技术等既竞争又合作的机制，仅用短短五年多的时间，就走完了国外长达30年甚至半个世纪的发展历程。经过不断学习、研发、创新，到目前为止，我国已经全面系统地掌握了时速200～350 km的动车组制造、自动控制系统、线路工程技术、牵引供电设备及技术、综合检测检修的生产研发等成套技术，并且有了"中国标准"的速度350 km/h的动车组，我国高速铁路的建设和运用技术达到国际领先水平。

"十一五"期间，在世界金融危机的形势下，我国加大了对发展高速铁路等基础设施建设的投入，不仅使我国抵御了金融危机的影响，宏观经济保持稳步增长，并且使我国高速铁路无论是技术发展还是在开工建设、投入运营的里程，都处于世界领先地位。尤其是2010年10月26日沪杭高速铁路运营线上，我国取得了时速486.1 km的试验速度，再次刷新了世界铁路运营线上最高运行时速的纪录。截止2014年底，我国高速铁路营业里程已经突破1.6万km，占世界高速铁路运营总里程的50%以上，稳居世界高速铁路运营里程的榜首。已成为世界上高速铁路发展最快、系统技术最全、集成能力最强、运营里程最长、运营速度最高、在建规模最大的国家。

2004年1月，国务院通过了《中长期铁路网规划》，确定了到2020年将建设高速铁路的目标，具体规划如图1-1所示。

图 1-1 我国"四纵四横"高速铁路网规划图

(1)"四纵"。北京—上海高速铁路,贯通京津至长江三角洲东部沿海经济发达地区;北京—武汉—广州—深圳高速铁路,连接华北和华南地区;北京—沈阳—哈尔滨(大连)高速铁路,连接东北和关内地区;杭州—宁波—福州—深圳高速铁路,连接长江、珠江三角洲和东南沿海地区。

(2)"四横"。徐州—郑州—兰州高速铁路,连接西北和华东地区;杭州—南昌—长沙高速铁路,连接华中和华东地区;青岛—石家庄—太原高速铁路,连接华北和华东地区;南京—武汉—重庆—成都高速铁路,连接西南、华中和华东地区。

(3)三个城际高速铁路。环渤海地区、长江三角洲地区、珠江三角洲地区城际高速铁路,覆盖区域内主要城镇。

按这一规划,到 2020 年我国铁路运营里程将达到 12 万 km 以上,其中高速铁路将达到 2 万 km 左右,将建成"四纵四横"高速铁路网,它将遍布全国各主要经济区域和大中城市,其运营里程将超过目前世界各国高速铁路运营里程的总和。其中"四纵"共18条子线路,分别连接环渤海和长江三角洲、华北和华南地区、东北和关内地区、长江、珠江三角洲和东南沿海地区。"四横"共15条子线路,分别连接西北和华东地区、西南、华中和华东地区、华北和华东地区、西南和华东地区。

城市,尤其是大城市和大城市圈(群),在国家和区域科技经济文化发展中具有非常重要的地位,是一个国家或地区科技经济文化发展的中心,具有强大的吸引力和凝聚力。目前,京津唐地区、长江三角洲地区、珠江三角洲地区已经成为主导中国科技经济文化发展、参与国际竞争的大城市群。随着我国城镇化建设速度的加快,未来中国的科技、经济和文化发展的前沿将会越来越向各个大城市区集聚。三大城市群将在不久的将来成为具有巨大影响力的科技、经济和文化区域。

综上所述,我国高速铁路网的发展目标是:到21世纪中叶,建成以北京、上海、武汉、广州等为中心,覆盖绝大部分目前人口在50万以上的城市和省会城市的高速铁路网。进一步拓展四大中心城市为主的"朝发夕至"和"一日到达",实现1 000 km以内朝发夕归,3 000 km以内"夕发朝至",5 000 km以内"一日到达",高速铁路相连的中心城市间均可实现"夕发朝至",运输能力和运输质量全面适应我国2050年基本实现现代化经济和社会文明发展的需要。

三、我国高速铁路建设成绩斐然

截止到2014年底,我国高速铁路在不到10年的时间里,从引进技术到领先全球,创造多达十项的"世界第一"。

(1)运营里程最长。截止到2014年底,我国铁路营业里程达11万km,其中,高速铁路里程达到1.6万km,占世界高速铁路营业里程的60%,是当之无愧的"世界第一"。

(2)建设速度最快。从2004年开始,到2014年末,短短十年,我国高速铁路运营里程达1.6万km,一张以高速铁路为骨架,包括区际快速铁路、城际铁路及既有线提速线路等构成的快速铁路网基本建成,总规模达4万km以上,基本覆盖50万人口以上城市。

(3)运营速度最高——486.1 km/h。时速486.1 km是喷气飞机低速巡航的速度。2010年12月3日,在京沪高铁枣庄至蚌埠试验段,CRH380AL新一代高速动车组创造了时速486.1 km的"世界铁路运营第一速"。

(4)轮轨试验时速最高——605 km/h。2011年12月,由中国南车研制的更高速度试验列车,在高速列车国家工程实验室中创造了605 km/h的最高轮轨试验速度。

(5)世界等级最高的高速铁路——京沪高速铁路。2011年6月,京沪高速铁路建成投产,它贯穿北京、天津、河北、山东、安徽、江苏、上海7省市,连接环渤海和长三角两大经济区,全长1 318 km,是世界上一次建成线路最长、标准最高的高速铁路。

(6)世界首条高寒高速铁路——哈大高速铁路。2012年12月1日,中国首条,也是世界第一条新建高寒地区长大高速铁路哈尔滨—大连高速铁路投入运营。全长921 km,设计时速

350 km,纵贯辽宁、吉林、黑龙江三省,全线设23个车站。根据最近30年的气象记录,东北三省全年温差达到80 ℃,是中国最为寒冷、也是温差最大的地区。

(7)世界单条运营里程最长高速铁路——京广高速铁路。2012年12月26日,全球运营里程最长的高速铁路——京广高铁全线开通运营。全长2 298 km的京广高铁,北起北京,经石家庄、郑州、武汉、长沙等地,南至广州,全线设计时速350 km。

(8)世界上一次性建成里程最长的高速铁路——兰新高速铁路。2014年12月26日,兰新高速铁路全线贯通。全长1 776 km的兰新铁路是世界上一次性建成通车里程最长的高铁。除此之外,它还享有不少"第一":一是它是首条穿越沙漠大风区的高速铁路,途经烟墩、百里、三十里及大阪城等四大风景区,同时沿线有塔克拉玛干、古尔班通固特等几处沙漠;二是跨过我国海拔最低的吐鲁番盆地;三是横穿海拔最高的祁连山高速铁路隧道。16.3 km的祁连山隧道中的最高轨面海拔为3 607.4 m,被誉为"世界高速铁路第一高隧"。

(9)谱系最全的动车组"大家庭"。我国拥有世界上从200～500 km/h各种速度等级的动车组,可谓种类最丰富、谱系最完整。这个动车组"大家庭"融合了世界先进技术,并通过引进、消化、吸收、再创新,打造出具有自主知识产权的"中国标准"的高端产品。

(10)最惊人的高速铁路运量。2014年,有8亿多人次选择乘坐高铁出行,其中最繁忙的是京沪高铁,一条线就有过亿人次乘坐。

四、高速铁路的主要技术经济特征

交通运输企业的最终产品是人或货物的"位移"。铁路运输要完成这一"位移"则要通过多种软硬件运输设施设备组成的"大联运机"协同作战来实现。铁路运输的软硬件设施设备包括机车车辆、线路桥隧、信号通信、牵引供电、运输组织及安全保障等系统。只有将这些系统有机地组织在一起,相互配合、相互协调且技术、设备、能力上相互匹配,才能顺利进行并发挥较大效率。而高速铁路正是在这样一个传统的轮轨交通工具及系统的基础上,广泛运用现代科学技术、设备设施、新型材料和管理手段而发展起来的一种新型现代化交通运输工具。

高速铁路的诞生是20世纪继航天业之后,当今世界上最庞大、最复杂、最先进的系统工程之一。它涉及的学科之多、专业之广、门类之宽已充分反映了其系统的综合性、复杂性和先进性。作为现代科学技术标志的计算机及其应用,微电子技术、电力电子器件的实用化、微型化与遥控、自控技术的成熟,工程建设技术的现代化、新型复合材料、网络通信技术等高新技术的推广运用,为高速铁路的蓬勃发展奠定了坚实的科学技术基础。

高速铁路技术除了具备传统铁路的基本特征外,还体现在其广泛吸收应用当今机械、化工、材料、工艺、电子、信息、控制、节能、建筑工程、卫星通信、空气动力学、计算机网络、环境保护等领域高新技术的一项多学科、多专业、多门类的综合技术。集中体现了铁路的运输组织、桥梁隧道、机车车辆、信号通信、供变配电、线路工程等专业技术的巨大进步和发展。综合利用桥梁、盾构、网络、信息传输、自动控制、机械制造、电子计算机、电力电子元件等多种新设备、新工艺、新技术、新材料、新产品等。它全面突破了普速铁路的理论、概念、技术,以及控制手段和方式。如突破了前人关于轮轨极限速度理论的设想;通过交—直—交电传动方式的技术突破,解决了大功率牵引电机在有限空间和重量下实现的技术难题;通过电气化供电和采用新设计、新结构和新材料,实现了流线型的高速车体外形、动力性能优良的高速转向架的制造并有效减轻列车重量;航天航空技术的移植、机电一体化向更高程度的发展、列车高速运行轮轨黏着、弓网规律探索研究的提升,为研制牵引和制动功率大、运行阻力小、环境噪声低的高速动车组提供了条件;融现代计算机、信号通信技术、网络技术和遥感技术于一体的动车组运行监测系统、列车运行自动控制系统和行车调度指挥系统的变革,以及桥梁线路、隧道工程、检测养护等技术的发展和进步、现代新型材料和成型技术的运用,使客室设施设备装饰技术大幅的提升,旅客乘车环境大大改善,为高速列车的安全、准时、舒适、快捷的运营创造了条件;高速铁路以其靠外部供电作为动力,不仅为降低动车组自重创造了条件,还有利于广泛利用各种新型能源,减少了对沿线环境的污染。同时,为进一步提高动车组运行速度留足了发展空间;它们与高效的运输组织与运营管理体系等综合集成,形成一种能与既有铁路路网兼容的新型快速交通运输系统。

高速铁路的出现,之所以在世界各国备受欢迎并得以快速发展,决非偶然。这不仅是由于高速铁路克服了传统铁路速度低、乘车环境差、对沿线环境影响大等缺点,还因为在与目前高速公路的汽车运输和中长途的航空运输相比较中,在下列技术经济指标中具有一定的比较优势。

1. 安全好

安全如否始终是人们选择出行交通运输方式的首要因素。当今从事交通运输的现代企业无不把提高安全性能作为重中之重,以提高其在运输市场中的竞争力。但即便如此,交通事故时有发生仍难杜绝。有资料表明,在各国交通运输中,铁路、公路、民航运输的事故率(每百万人公里的伤亡人数)之比大致为 1:24:0.8。与传统铁路相比,高速铁路普遍采用了对线路的全封闭和运行控制的自动化且有一系列完善的预警及安全保障体系,如先进的 ACT 列车速度控制系统,能自动控制列车运行速度、调整列车运行间隔,按照列车允许的行车速度,使列车自动减速或停车,故其安全可靠性大大高于其他交通工具;同时,高速铁路中与行车有关的固定设施和移动设备,都装有信息化程度较高的诊断与监测系统,并建立了科学的养护维修制度;在铁路沿线设立自动报警装置,对可能危及行车安全的自然灾害进行监测。这一系统措施可以有效地防止人为过失、设备故障及自然灾害等突发事件引起的各类事故。高速铁路在国外曾有连续 45 年安全运营无人身伤亡事故的纪录。因此,相比高速公路上的汽车和民航运输等交通工具,高速铁路可称得上是当今世界上最安全的现代交通运输方式之一,高速铁路自然灾害及异物侵限监测系统如图 1-2 所示。

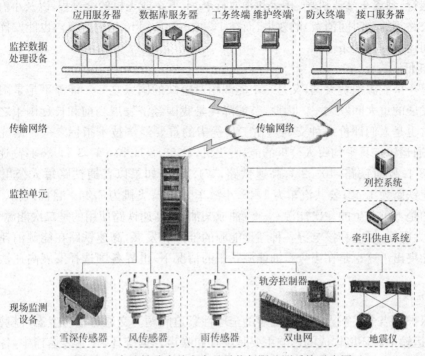

图1-2　高速铁路自然灾害及异物侵限监测系统示意图

2. 运能大

高速铁路保留了普通铁路大众交通运输工具的基本特征。有专家测算,高速铁路动车组的最小行车间隔可达 4 min,列车密度可达 20 列/h,若每列车载客人数按 800 人计算,扣除线路维修时间(4 h/d),则每天可开行高速列车 400 列,输送旅客 32 万人,年均单向输送将达到1.17 亿人。而 4 车道高速公路,单向每小时可通过汽车 1 250 辆,每天也按 20 h 计算,可通过25 000辆,如大轿车占 20%,每车平均乘坐 40 人,小轿车占 80%,每车乘坐 2 人,年均单向输送能力为 8 700 万人。航空运输主要受机场容量限制,如一条专用航道的年起降能力为 12 万架次,采用大型客机的年单向输送能力只能达到 1 500~1 800 万人。可见,高速铁路的运输能力远远大于航空运输,并且一般也大于高速公路,是名符其实的大众交通运输工具。

3. 速度快

速度快是高速铁路在市场竞争的核心竞争力,也是其主要技术经济优势所在。迄今,高速铁路是陆上运行距离最长、运行速度最高的交通运输方式之一。目前,我国京深、京沪、京哈等线的高速铁路动车组设计时速已达 350 km,超过高速公路小汽车允许运行速度的三倍,达到喷气客机的 1/3 和短途飞机的 1/2,因此,高速铁路在运输距离 100~1 000 km 范围内均能显示其节约总旅行时间(总旅行时间是指旅客出门到到达旅行目的地所耗费全部时间的总和,它包括途中旅行、到离车站或机场、托运和领取行李、上下车或飞机的全过程,以及小汽车驶入和驶出高速公路等的总时间消费)的效果,而在 1 500～2 000 km 运输距离内也能发挥其利用夜间睡眠时间运行的有利条件。

4. 能耗低

我国是一个能源消费大国,又是一个能源相对短缺的国家之一。能源不足是困扰我国经济可持续发展的重大问题之一。因此,节能降耗是我国经济发展当前和长远国策之一。能耗的高低通常也是人们评价一种交通运输工具优劣的重要经济技术指标之一。据统计资料显示,各种交通运输工具平均每人公里的能耗:飞机,2 998.8 J;小轿车,3 309.6 J;高速公路公共汽车,583.8 J;普通铁路,403.2 J;高速铁路,571.2 J。如果以普通铁路每人公里的能耗为1.0,则高速铁路为1.42;公共汽车为1.45;小汽车为8.2;飞机为7.44。目前汽车、飞机、船舶主要使用的是不可再生的一次能源——汽油或柴油,而高速铁路使用的是二次能源——电力。随着水电、太阳能、风能和核电等各种新型能源的推广和发展,高速铁路在能源消耗方面的优势还将更加突出。这也是在当今石油能源紧张的情况下,世界各国选择发展高速铁路的重要原因之一。

5. 污染轻

环境保护是当今关系人类生存发展的全球性紧迫问题。交通运输与生态环境密切相关。当前,交通运输中对环境构成的影响主要是废气和噪声。据统计,在旅客运输中,各种交通运输工具一氧化碳等有害物质的换算排放量,公路为 0.902 kg/人;铁路为 0.109 kg/人;飞机为635 kg/h。有些有害物质在大气中要停留长达 2 年以上,是现今造成大面积酸雨,使植被生态遭到破坏和建筑物遭受腐蚀的主要原因。由于高速铁路采用电气化技术和集便器设备等,使高速铁路基本消除了粉尘、油烟和其他废气(物)对环境的污染。另外,在噪声污染方面,日本曾以航空运输每千人公里产生的噪声为1,则大轿车为0.2,高速铁路仅为0.1。从以上数据看,在现代交通运输中,飞机和汽车造成的环境污染越来越大。而长期生活在噪声环境中,会使人的听觉器官受到损害,甚至耳聋。因此,德、意、法、日等国都在高速铁路两侧修建隔音墙来降低噪声。人们愈来愈认识到,为防止地球上臭氧层被破坏而造成的气候异常现象,应大力发展使用清洁能源的交通工具,减少飞机和汽车的排放废气,加快高速铁路和城市轨道交通发展为有效途径。

6. 占地少

我国是一个人口大国,人均耕地低于世界平均水平,因此,保护耕地和节约使用土地是可持续发展的重要国策之一。交通运输尤其是陆上交通运输,由于要修建道路和停车场,需占用大量土地,而且大部分是耕地。一般情况,双线高速铁路路基面宽 3.6～14 m,而 4 车道的高速公路路基面宽达 26 m。一个大型飞机场,包括跑道、滑行道、停机坪、候机大楼及其设施,面积大,又多为市郊良田。双线铁路连同两侧排水沟用地在内,用地约 70 亩/km;而 4 车道的高速公路用地要 105 亩/km。由于高速铁路大量采用高架、隧道等工程，占用土地大幅度减少；如武广高速铁路的桥隧占全线线路近 70%，法国 TGV 500 km 的高速铁路仅占用相当于一个大型机场的用地，故可以大大减少对耕地的占用和环境的负面影响。

7. 造价低

工程造价的高低在一定程度上是制约某种交通运输方式能否得到迅速发展的重要因素之一。高速铁路的工程造价虽然大大高于普通铁路，但并不比修建一条高速公路或民航机场的建设费用高。据法国资料，法国高速铁路基础设施造价要比 4 车道的高速公路节约 17%。TGV 高速列车平均每座席的造价仅相当于短途飞机每座席造价的 1/10。

8. 舒适度高

随着人们物质生活水平的不断提高，舒适性已成为人们选择出行交通方式的重要考量之一。高速铁路线路平顺、稳定、曲线半径大，列车运行平稳，震动和摆动幅度都很小，速度快。由于动车组大量采用新型环保材料，车内宽敞明亮，设施先进，装备齐全，乘坐舒适，活动半径大等，使得旅客在途中占有的活动空间大大高于汽车和飞机，这些是飞机和汽车无法比拟的。

9. 效益好

交通堵塞、事故频发、环境污染等是当今经济发展的世界性难题，给各国国民经济带来巨大损失，也严重影响了社会稳定。欧共体国家每年用于处理高速公路堵塞和公路交通事故的费用分别占国民生产总值的 2.9% 和 2.5%。而修建高速铁路的直接经济效益却是非常明显。据统计，日本东海道新干线 1964 年投入运营，1966 年就开始盈利，1971 年就收回了全部投资。法国 TGV 东南线 1983 年全线通车，1984 年开始盈利，运营 10 年投资全部收回。这些都改变了传统铁路普遍存在的投资大、回收周期长，运营效益低的共性问题。我国高速铁路的建设主要集中在目前客货混线、运输能力紧张、人口密度大、经济发展快的大中城市间，因此，从近年运营情况来看，其效益远远好于预期。据预测，投资回收周期会缩短。

第二节　高速铁路信号系统的构成特征及发展趋势

高速铁路信号系统是保障高速动车组运行安全，提高铁路运输效率的关键技术装备，被称为高速铁路的"中枢神经"。

一、高速铁路信号系统的构成

高速铁路信号系统是保障高速动车组运行安全，提高运输效率的关键技术装备。它是集计算机技术、通信技术和控制技术为一体的综合行车指挥、列车运行控制和管理自动化系统，是确保行车安全、提高运输效率的核心，也是一个国家轨道交通技术装备现代化水准的重要标志。

（一）系统构成

高速铁路信号系统作为一套完整的行车安全制式，它主要由列车运行控制系统、计算机联锁系统、调度集中系统和信号集中监测系统等部分组成，如图1-3所示。

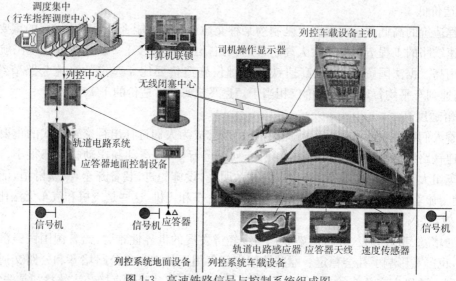

图1-3　高速铁路信号与控制系统组成图

列车运行控制系统根据车站进路、前行列车的位置、安全追踪间隔等向后续列车提供行车许可、速度目标值等信息，由车载列控设备对列车运行速度实施监督和控制，其包括地面设备和车载设备两部分。

计算机联锁系统根据计划实时建立各列车安全进路，为列车提供进、出站及站内行车的安全进路。

调度集中系统（行车指挥调度中心）根据列车运行图所制定的日、班计划和列车运行正晚点情况，编制各阶段计划，并下达给各个车站联锁系统。

信号集中监测系统是对各种信号设备工作状态进行实时监测并记录，发现信号设备状态不良时，及时发出报警提示的监测设备的统称，是保证行车安全的重要行车设备之一。监测方式上具备彩信、表示、储存、回放及远程、信号测试、监测等功能。

同时，高速铁路信号系统还包括一些附属子系统，如传输系统、FAS系统、移动通信系统、数据网系统、信号设备供电等，其设备主要布置在调度集中系统控制中心、车站、区间信号室、线路旁及机车内。

电源系统是指电源设备为联锁、列控、CTC车站设备集中监测、ZPW-2000A系统等设备统一供电，并具备自诊断及监测报警功能，能与信号监测系统交换信息。电源系统采用模块化、智能化、标准化设计，可适应各种现场、负荷种类及容量规格的需要。

（二）特点

1. 自动控制

自动控制采用列车运行自动控制（ATC）系统。高速铁路列车速度达到 200 km/h 及以上时,其紧急制动距离接近 4 000 m。通常地面信号为主体信号的自动闭塞制式已不能确保列车安全,因此,已建成的高速铁路无一例外地全都采用了列车运行自动控制系统来实现闭塞功能。

它的特点是:以车载信号作为行车凭证,直接向司机提供速度命令,信号直接控制列车制动。

高速铁路司机按车载速度命令驾驶动车,地面没有必要再设通过信号机,但并不意味高速铁路取消了所有地面信号机。为了完成调车作业,特殊情况下的行车、危险地段防护等任务,高速铁路仍然使用固定信号机（调车信号、引导信号）、临时信号、手信号、特殊信号（如烟火）、表示器、标志（如停车标、预告标、缓行标等）。

2. 调度集中（CTC）

为了提高行车效率,降低运营成本,高速铁路都建有调度中心,由调度员统一指挥全线列车运行。调度集中系统远距离控制全线信号机、转辙机和列车进路,正常行车不需要车站本地控制。

3. 位置确认

在各车站及区间信号室附近,设置车次号核查等列车—地面信息传递设备（TIPB）,对列车实际位置进行确认,作为调度中心指挥列车运行所必需的基础设备。

4. 联锁控制

车站采用计算机联锁（CD）和大号码道岔,道岔转换采用多台转辙机多点牵引。

5. 信息联网

重视安全防护,并配备了热轴探测、限界检查、自然灾害报警等监测点,并与调度中心联网,防患于未然。

6. 通信信号一体

通信信号一体化在高速铁路得到充分体现。专用通信系统承载业务以数据为主,辅以话音和图像,信号传递的实时性、安全性、可靠性要求更高。车站和调度中心大都采用局域网（LAN）。

7. 设备冗余

为了保证安全,高速铁路运行中不允许线路上进行施工及维修作业,因此,高速铁路对信号系统可靠性、可用性要求更高,应尽可能采用设备冗余、故障监测记录、远程诊断等先进技术手段,保证设备不间断使用。

二、我国高速铁路信号技术的发展趋势

在高速铁路的快速发展中,我国铁路信号系统在引进、吸收、消化、创新的基础上,成功地应用微电子、自动控制、远程控制和计算机等先进技术,极大地了提高铁路信号技术设备的装备水平,促进铁路信号与控制技术的发展和进步,使铁路信号成为铁路现代化的重要标志之一。

(一)数字化的发展方向

随着铁路运输客运提速、货运重载技术的发展,基于分立元器件和模拟信号处理技术的传统铁路信号技术设备越来越无法满足铁路运输安全、高效和实时性的要求。因此,全面引进计算机技术,利用计算机的高速分析、计算功能来提高信号设备的技术水平是必然趋势。数字信号处理技术(Digital Signal Process,DSP)的出现,为铁路信号信息处理提供了很好的解决方法。

与模拟信号处理技术相比较,数字信号处理技术具有更高的可靠性和实时性。数字信号处理的频域分析和时域分析的两种传统分析方法有着各自的优缺点。频域分析的优点是运算精度高和抗干扰性能好,而缺点是在强干扰中提取信号时容易造成解码倍频现象。

随着数字信号技术的新发展,小波信号处理技术、现代谱分析技术等新的实用技术都将陆续在铁路信号技术中引入。

目前,我国铁路轨道电路的信号发送、接收及机车信号的接收普遍采用了数字信号处理技术,日本的数字 ATC 和法国的 UM 2000 数字编码轨道也都采用了数字信号处理技术。

(二)信号技术网络化

铁路信号技术网络化是铁路运输综合调度指挥的基础。在网络化的基础上实现信息化,从而实现集中、智能管理。

(1)网络化。现代铁路信号技术不是各种信号设备的简单组合,而是功能完善、层次分明的控制系统。系统内部各功能单元之间独立工作,同时又互相联系,交换信息,构成复杂的网络化结构,使指挥者能够全面了解辖区内的各种情况,灵活配置系统资源,保证铁路运输系统的安全、高效运行。

(2)信息化。以信息化带动铁路产业的现代化,是铁路信号技术发展的必然趋势。全面、准确地获得线路上的各种行车及设备信息,是高速列车安全运行的保证。因而,现代铁路信号系统采用了许多先进的通信技术,如光纤通信、无线通信、卫星通信与定位技术等。

(3)智能化。智能化包括系统智能化与控制设备智能化。系统智能化是指上层管理部门根据铁路运输系统的实际情况,借助先进的计算机技术来合理规划列车运行,使整个铁路运输系统达到最优化;控制设备智能化则是指采用智能化的执行机构,来准确、快速地获得指挥者所需的信息,并根据指令来指挥、控制列车的运行。

第三节　高速铁路通信系统的构成特征及发展趋势

广义的通信概念是人和人之间、人和机器之间、机器与机器之间的交流。这种交流的本质是通过不同的方式,进行语音、文字、图像等各种可感知信息的传递。以传输电磁信号的方式进行的通信称为电通信,即通常所说的电信或通信。在一个通信过程中,原始信息在发送端被"翻译"成电信号,电信号经过通信系统的传输,在接收端被"还原"回原始信息。而"通信系统"则是指完成通信任务的技术设备和传输媒介。

铁路由于点多线长,支叉结点繁多,由车、机、工、电、辆等多种设备、多项技术、众多人员和业务共同构成一个复杂而庞大的系统,它们之间联系通过铁路专用通信系统有机地连接起来,经过有效的协调、指挥和管理,构成一个完整的、运行高效的大联动机。

铁路通信系统是一个覆盖全路的、统一的、完整的专用通信网,以为铁路运输生产和经营管理提供话音、数据、图像通信业务服务为主要任务。它是实现铁路运输的基础性设施,对铁路运输和安全生产管理起着至关重要的作用。随着计算机、互联网及通信技术的不断发展,铁路通信系统由模拟通信技术向数字通信技术方向发展。高速铁路通信系统属于铁路通信系统的范畴,它主要由有线通信和无线通信两部分构成,其有线通信部分与传统铁路通信区别不大,差别主要体现在无线通信部分。

一、现代铁路通信技术

现代铁路通信技术是将通信技术、计算机技术、控制技术等最新发展成果互相融合,使人们在广域范围内随时随地获取交换信息成为可能,也为现代铁路信息技术发展提供了机遇。其基本任务是:确保发信源的信息(如语音、数据、图像等)能迅速、准确、安全、可靠地传递到收信息者。随着通信技术的发展及用户需求的日益多样化,现代铁路通信网络类型及所提供业务的种类不断增加和更新,形成了复杂的通信网络体系。

铁路运输调度通信是铁路专用通信的重要组成部分,是直接指挥列车运行的通信设施。目前除传统的铁路数字调度通信系统,铁路正在推广铁路综合数字移动通信系统(GSM-R)。

二、高速铁路通信系统

(一)构成

高速铁路通信系统主要由传输系统、电话交换和接入系统、数据通信系统、移动通信系统、调度通信系统、会议电视系统、综合视频监控系统、综合网管系统、应急通信系统、电源、通信线路及机房环境监控系统等构成,如图1-4所示。

(二)要求

高速铁路对通信系统的要求:

(1)可靠性。应具有高可靠性,以保证列车的高速、安全运行。

(2)系统性。应与计算机结合,形成现代化的运营、管理、服务系统。

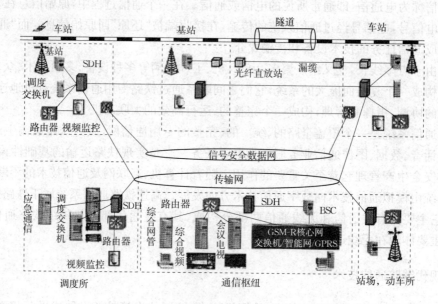

图 1-4　高速铁路通信系统构成示意图

(3)适应性。应完成多种信息的传输和提供多种通信服务。除语音信息的传输之外,高速铁路通信中还有大量的非话业务,如数据、图像、监控信号的传输与处理。

(4)集成化。能将移动通信、卫星通信、微波中继通信、室内无线通信等与光纤通信、程控交换等多种通信方式有机结合,形成统一的铁路通信网络。

(5)自动化。应与信号系统紧密结合,形成高度自动化的通信、指挥、控制及信息系统。

(6)高效率。应具有高效率,以保证行车调度指挥、运营管理及旅客服务系统高效工作。

(三)特点

高速铁路通信系统具有以下特点:

(1)能满足通信业务多样化的需求。由于高速铁路通信时,数据及图像成为主要业务,因此,要求通信网能够提供语音、数据、图像等多媒体通信手段,满足高带宽、分布式多业务接入及高可靠性要求。

(2)能满足运输各专业、各部门的业务需求。通信网除提供基本通信业务,保证高速铁路运输指挥基本需要的通信业务外,还包括调度、公务、移动通信、会议电视等。

(3)能承载多业务系统的互连。包括信号系统、旅客服务信息系统、综合调度系统、综合(视频)监控系统、防灾安全系统、经营管理系统等信息应用系统的互连互通。

(4)能满足语音、数据、图像等所有通信业务的承载传输服务和系统传输需要。

(5)能满足除行车、资金安全以外的多种数据处理的需要。数据网对不涉及行车安全、资金安全的数据、图像业务提供路由、交换等功能,以满足旅客服务、各类视频监控及信息化其他相关应用系统等对数据业务的处理需要。

(6)能满足调度通信系统数字化业务的需要。即满足调度通信、专用通信、站场通信、站间通信业务的需要,并与 GSM-R 移动通信系统联网实现有线、无线用户的统一。

(7)能满足列车控制等多系统无线数据传输的需要。即专用移动通信系统(同址双网或交织冗余网络)要具有提供无线移动公务通信、无线列车调度指挥的功能。

(四)专用通信系统

高速铁路信号的专用通信系统主要包括区段数据通信、区间通信及车载无线数据通信三大部分。

1. 区段数据通信

高速铁路设有综合调度中心,在车站信号室内有调度集中分机,在电务、工务、机务、供电、水电维修等部门也设有分机或控制终端,他们之间通过主干传输系统提供数字通道互联,形成专用通信。

综合调度系统的专用数据通信加传统调度电话业务,以及图像业务等,构成区段数据通信。采用现代数据通信技术(如 IP 技术、VPN 技术等)来实现多媒体业务。

2. 区间通信

由于高速铁路站间距一般为 20～70 km,区间通信十分必要且重要。它主要包括以下内容:

(1)车站信号室之间,车站信号与区间信号室之间,区间信号室之间列控安全数据传输。

(2)区段联锁系统主站与相邻从站或区间渡线控制点之间的安全数据传输。

(3)天气、地震、线路及防护坡等安全监测站与站终端的数据传输。

(4)列车轴温监测站数据传输。

(5)供电及电力遥控终端数据传输。

(6)区间工务人员及应急抢险通信。

(7)常设线路监测系统及救灾监视用图像传输。

(8)通信、信号维护用通信通道等。

3. 车载无线数据通信

车载无线数据通信用来进行高速动车组与地面的无线数据传输,以及实现高速铁路的行车安全、运输管理、旅客服务,其设备关系如图 1-5 所示,主要包括:

(1)文本方式的调度命令。

(2)车次号、列车速度、列车位置核查。

(3)列车运行时的安全状态。

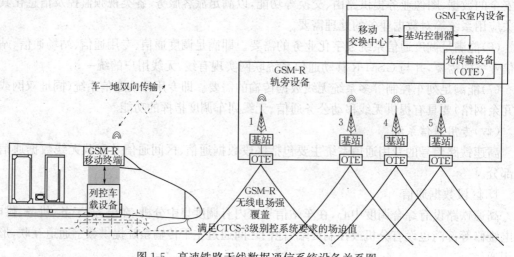

图 1-5 高速铁路无线数据通信系统设备关系图

(4)车辆维修信息。

(5)旅客服务信息等。

4．专用基础网络

专用基础网络是指专用光纤网,把联锁和列控系统各信号室设备之间、联锁系统主站与分站间,以及 CTC 各系统之间用网络联系起来,称为 CTC-LAN、E1-LAN 和 ATC-LVN。采用先进的网络技术可以简化信号系统设计,便于系统升级,减少配线和电缆,从而提高信号系统的安全性、可靠性和可维修性。

三、高速铁路无线通信系统(GSM-R)

1997 年国际铁路联盟(UIC)为满足欧洲 21 世纪铁路一体化进程,推荐了欧洲专用移动通信系统 GSM-R(Global System for Mobile Communications-Railway 或 GSM-Railway),并在欧洲国家的铁路上进行验证。GSM-R 是在 GSM 蜂窝系统上增加了调度通信功能和适合高速环境下使用的要素,与有线调度通信网络连接,完成移动用户与固定用户、移动用户之间的话音通信。

GSM-R 具有适应铁路运输特点的功能优势和技术成熟优势,符合通信信号一体化发展的需要,2000 年底,我国借鉴欧洲 GSM-R/ETCS 的成功经验,确定将 GSM-R 作为我国铁路移动通信的发展方向。

因此,GSM-R 系统是根据铁路需求设计,为铁路服务的专用无线通信技术,是铁路数字移动通信系统的简称。它可将现有的铁路通信应用融合到单一网络中,灵活提供用户语音和数据服务及其他,具有功能完善、传输可靠、交换灵活、容量大等特点。其在世界各国铁路运输企业广泛采用,引导世界铁路事业向数字化、智能化、网络化和综合化的方面发展。

四、我国高速铁路通信技术的发展趋势

1. 移动通信技术

随着铁路移动通信业务需求的不断扩展,UIC 已着手开展未来铁路宽带移动通信系统在铁路中应用的研究工作,我国铁路也在对 LTE-R 系统的需求进行深入分析,对相应的技术制式进行研究试验。移动通信网总体将向着 IP 化、智能化趋势发展。

2. 传送技术

未来随着带宽、IP 化传输的需求,铁路通信传输网将逐步采用 OTN(光传送网)技术、PTN(分组传送网)技术、ASON(智能光网络)技术。

OTN 技术是在 SDH 和 WDM 技术的基础上发展起来的,兼有两种技术的优点,适合骨干层远距离传送,业务承载量大。

PTN 技术基于分组交换的交换/转发内核,支持多业务接入和转发能力,定位于传输网接入层,满足 TDM、ATM、IP 业务的统一接入,解决传统 SDH/MSTP 传送网络无法适应分组业务大规模应用的缺陷。

ASON 是一种动态、自动交换传送网。由用户动态发起业务请求,网元自动计算并选择路径,并通过信令控制实现连接的建立、恢复、拆除,是融交换、传送为一体的新一代光网络。ASON 在光传送网中引入控制平面,形成了在功能上由传送平面、控制平面和管理平面构成的体系结构。

3. 下一代网络 NGN(Next Generation Network)

由于通信和信息技术的快速发展,网络全 IP、有线无线融合、IT 和 CT 业务融合等趋势有力推动着通信网络向 NGN 转型。NGN 是一个分组网络,采用了业务、控制、承载与接入分离的分层体系结构,支持水平业务提供模式,从而能大大方便新业务的快速开发和有效提供,是通信网络的发展方向。

目前铁路通信网中各子系统均独立建设,设备多,维护工作量大,运营成本高,向 NGN 发展不是现有网的简单延伸和叠加,也不是单项节点技术和网络技术的更新,而是整个铁路通信网络框架按照 NGN 的体系结构实现网络分层和业务融合的整体演进。

本章小结:本章简单介绍了国内外高速铁路发展的历史,重点阐述了我国高速铁路发展的中长期规划及近年快速发展的成就。对高速铁路信号与通信系统的概念、构成、特点及未来发展趋势等,作了简要而较为全面的概括和介绍,以帮助大家对全书内容有一个整体概念,正确把握各章节内容间的相互关系,为深入学习后续内容奠定基础。

思考题

1. 简述我国高速铁路"四纵四横"规划。
2. 高速铁路信号与控制系统的构成是什么?
3. 高速铁路通信系统构成是什么?
4. 何谓 GSM-R?
5. 高速铁路通信技术的发展趋势是什么?

第二章
列车运行控制系统

本章提要:本章主要介绍了列车运行控制系统的结构、工作原理及关键技术,重点介绍了 CTCS-2 级和 CTCS-3 级中国列车运行控制系统。

第一节　列车运行控制系统概述

一、列车运行控制系统的结构及工作原理

列车运行控制系统是一种可以根据列车在铁路线路上运行的客观条件和实际情况,对列车运行速度及制动方式等状态进行监督、控制和调整的技术装备,简称列控系统。它主要完成对线路上运行列车的进路安全和速度控制,确保列车不会超速运行,以免脱轨或颠覆;确保列车间有安全的追踪距离,不会发生追尾;保证列车在规定的停车点能够停下来,不会冒进和追尾。

列车运行控制系统是确保行车安全的关键技术,是高速铁路的"大脑和神经系统"。

(一)系统结构

根据列控制系统的功能需求,其由中央控制子系统、地面控制子系统、车载控制子系统和通信网络子系统四部分组成,如图 2-1 所示。

1. 中央控制子系统

列控系统的控制中心具有控制和监督列车运行的功能。根据列车运行图,系统编制运行命令并传向地面控制子系统和车载控制子系统,在中央控制中心显示管辖区域内的列车实绩运行状况。

2. 地面控制子系统

根据从中央控制子系统接收的调度命令和车载列车的状态信息,办理列车进路,并生成列车控制所需要的全部基础数据,如列车的运行速度、运行许可等。

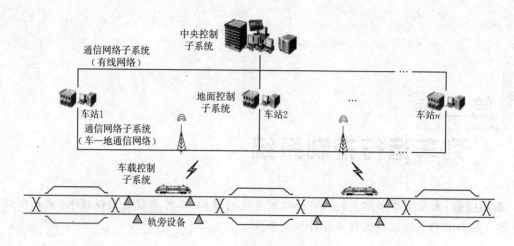

图 2-1　列控系统的构成图

3. 车载控制子系统

将地面传来的信号进行信息处理,形成列车速度控制数据及列车制动模式,用来监督或控制列车安全运行。

4. 通信网络子系统

包括有线网络(固定传输网络)和车—地通信无线网络(也称车—地传输通道)。用以实现各个子系统间及地面控制子系统和车载控制子系统间的安全可靠的数据传输。

(二)列控系统工作原理

列控系统可对列车运行全过程或一部分作业实现自动控制,列车通过获取的地面信息和命令,控制列车运行,并调整与前行列车间必须保持的距离,其工作原理如图 2-2 所示。具体过程可以简述如下:

(1)中央控制子系统发布列车运行控制命令(运行计划或调度命令)。

(2)地面控制子系统根据接收的列车运行命令,办理列车进路,产生车载控制子系统所需要的全部地面信息,并通过车—地通信网络将信息发送给列车上的车载控制子系统。

(3)车载控制子系统接收线路信息、先行列车(目标)距离和进路状态,实时计算并生成列车运行速度控制模式曲线,并在司机室显示器显示;同时检测列车当前运行速度,在司机室驾驶室显示器上显示。

(4)当列车的实际速度超过允许速度,车载控制子系统自动控制制动装置进行减速制动。

(5)司机根据驾驶室显示器上的目标速度和距离、允许速度和实际速度控制列车运行。

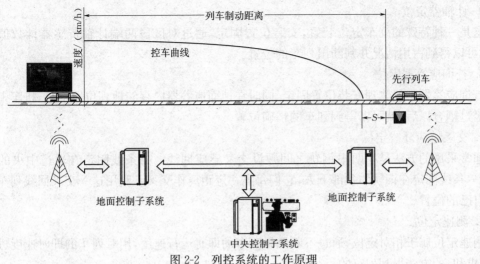

图 2-2　列控系统的工作原理

二、列控系统的关键技术

(一)测速技术

1. 测速电机

测速电机由齿轮和永磁线圈组成,安装在车轮外侧,发电机所产生的交流电压频率与列车速度(主轮的转速)成正比。经过频率—电压的变换,把列车实绩运行的速度变换为电压。

2. 脉冲速度传感器

它的基本原理是对车轮旋转计数,因此需在轴承盖上安装信号发生器。车轮每转一周,发生器输出一定数量的脉冲或方波信号,对信号发生器输出信号计数,测出脉冲或方波的频率,即可得出列车运行速度。

3. 测速雷达

利用多普勒效应原理实现列车速度测量。在车头位置安装多普勒雷达,雷达向地面发送一定频率的信号,并检测反射回来的信号。由于列车的运动会产生多普勒效应,所以检测的信号频率与发射的信号频率是不完全相同的。如果列车在前进状态,反射的信号频率高于发射信号频率;反之,则低于发射信号频率。而且,列车的运行速度越快,两个信号之间的频率差越大。通过测量两个信号之间的频率差就可以获取列车的运行方向和即时运行速度。

(二)列车定位技术

1. 轨道电路定位

测速发电机轨道电路是最简单的列车定位设备,定位精度取决于轨道电路的长度。通过对轨道电路的占用状态进行连续跟踪,就实现了对列车在线路中所处位置的连续跟踪。

2. 计轴器定位

这是一种特殊的列车定位装置,安装位置固定,通过对区段两端计轴传感器计数值的比较,就可以得到占用情况并判断出列车的位置。

3. 查询应答器定位

查询应答器不仅物理安装位置固定,同时在地面应答器内存储地理位置信息,机车上的查询器经过耦合以后,就可以得到列车的精确位置。

4. 交叉感应环线定位

通常采用的方法是在两根钢轨之间敷设交叉感应回线。一条线固定在轨道中央的道床上,另一条线固定在钢轨的颈部下方,它们每隔一定距离作交叉。利用这一交叉回线列车可以知道自己的位置。

5. 测速定位

测速定位属于相对定位,通过不断测量列车的即时运行速度,用对列车的即时速度进行积分(或求和)的方法得到列车的运行距离。

(三)地—车信息传输技术

基于地—车信息传输方式的不同,列控系统可分为点式、连续式及点连式三种。

1. 点式列控系统

点式列控系统是一种以点式传递信息,用车载计算机进行信息处理,最后达到列车超速防护目的的系统,主要功能是实现列车超速防护。

2. 连续式列控系统

连续式列车运行控制系统是一种基于连续的信息传递,列车不间断地从信息传输通道获得信息,车载计算机也不间断地计算出速度曲线,从而使行车间隔可缩短至最短的列车运行控制系统。

3. 点连式列控系统

我国的 CTCS-2 是采用点连式的列车运行控制系统,点式应答器作为线路数据的输入,连续轨道电路信息作为列车前方轨道空闲数量的传输媒介。

三、中国列车运行控制系统 CTCS

CTCS 是中国列车运行控制系统(Chinese Train Control System)的英文缩写(以下简称列控系统)。它以分级的形式满足不同线路的运输要求,在不干扰机车乘务员正常驾驶的前提下,有效地保证列车运行安全。

(一)CTCS 体系结构

CTCS 的体系结构按铁路运输管理层、网络传输层、地面设备层和车载设备层配置,如图 2-3 所示。

图 2-3 CTCS 的体系结构图

1. 铁路运输管理层

铁路运输管理系统是行车指挥中心，以 CTCS 为行车安全保障基础，通过通信网络实现对列车运行的控制和管理。

2. 网络传输层

CTCS 网络分布在系统的各个层面，通过有线和无线通信方式实现数据传输。

3. 地面设备层

地面设备层主要包括列控中心、轨道电路和点式设备、接口单元、无线通信模块等。列控中心是地面设备的核心，根据行车命令、列车进路、列车运行状况和设备状态，通过安全逻辑运算，产生控车命令，实现对运行列车的控制。

4. 车载设备层

车载设备层是对列车进行操纵和控制的主体，具有多种控制模式，并能够适应轨道电路、点式传输和无线传输方式。车载设备层主要包括车载安全计算机、连续信息接收模块、点式信息接收模块、无线通信模块、测速模块、人机界面和记录单元等。

(二)CTCS 的分级及级间关系

1. CTCS 的分级

根据系统配置按功能划分为 5 级，具体为 CTCS-0 级～CTCS-4 级。其中 250 km/h 以下铁路采用 CTCS-2 级列控系统；250 km/h 铁路宜采用 CTCS-3 级列控系统；300 km/h 及以上铁路采用 CTCS-3 级列控系统。

2. CTCS 级间关系

系统车载设备向下兼容；系统级间转换应自动完成；系统地面、车载配置如具备条件，在系统故障条件下应允许降级使用；系统级间转换应不影响列车正常运行；系统各级状态应有清晰的表示。

(三)CTCS 系统的基本功能

1. 安全防护

(1)在任何情况下防止列车无行车许可运行。

(2)防止列车超速运行。防止列车超过进路允许速度、超过线路结构规定的速度、超过机车车辆构造速度、超过临时限速及紧急限速；防止列车超过铁路有关运行设备的限速。

(3)防止列车溜逸。

(4)测速环节应保证,一定范围内的车轮滑行和空转不影响 ATP 的功能,并具有轮径修正能力。

2. 人机界面

人机界面是为机车乘务员提供的信息显示、数据输入及操作装置。

(1)能够以字符、数字及图形等方式显示列车运行速度、允许速度、目标速度和目标距离。

(2)能够实时给出列车超速、制动、允许缓解等表示,以及设备故障状态的报警。

(3)机车乘务员输入装置应配置必要的开关、按钮和有关数据输入装置。

(4)具有标准的列车数据输入界面,可根据运营和安全控制要求对输入数据进行有效性检查。

3. 检测功能

(1)具有开机自检和动态检查功能。

(2)具有关键数据和关键动作的记录功能及监测接口。

4. 高可靠性和安全性

(1)按照故障导向安全原则进行系统设计。

(2)采用冗余结构。

(3)满足电磁兼容性相关标准。

第二节　CTCS-2 级列控系统

CTCS-2 级是基于轨道传输信息的列车运行控制系统,面向提速干线和高速新线,用于各种限速区段,地面可不设通过信号机,机车乘务员凭车载信号行车。

一、系统结构

CTCS-2 级列控系统由地面子系统及车载子系统两大部分组成,共同完成列车运行控制的功能,其结构如图 2-4 所示。

1. 地面子系统

地面子系统由 ZPW-2000(UM)系列轨道电路、车站电码化、应答器和车站列控中心(包括地面电子单元 LEU)等设备组成。车站列控中心具备与车站联锁系统、TDCS/CTC、微机监测等系统的接口。

2. 车载子系统

车载子系统由车载安全计算机(VC)、轨道电路信息接收单元(STM)、应答器信息接收单元(BTM)、制动接口单元(TIU)、记录单元(DRU)、人机界面(DMI)、速度传感器、轨道电路信息接收天线、应答器信息接收天线等部件组成。

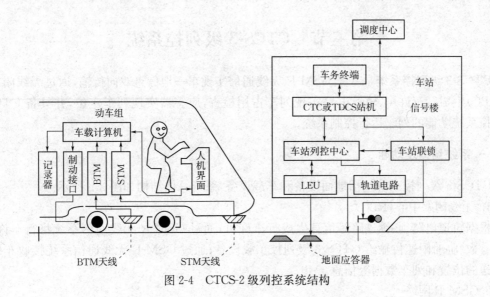

图 2-4　CTCS-2 级列控系统结构

二、系统工作原理

CTCS-2 级列控系统采取速度—目标距离控制模式（又称连续式一次速度控制）。目标—距离控制模式根据目标距离、目标速度及列车本身的性能确定列车制动曲线,不设定每个闭塞分区速度等级,采用一次制动方式。速度—目标距离控制曲线如图 2-5 所示。

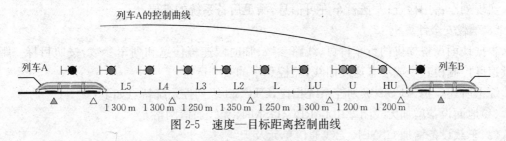

图 2-5　速度—目标距离控制曲线

列控车载设备给出的一次连续的制动速度控制曲线,是根据目标距离、线路参数和列车本身的性能计算而定的。为计算得到速度监控曲线,由轨道电路发送行车许可和前方空闲闭塞分区数量信息,由应答器发送闭塞分区长度、线路速度、线路坡度等固定信息,列控车载设备接收上述信息,通过"前方空闲闭塞分区数量"和"闭塞分区长度"信息,获得目标—距离长度,并结合线路速度、线路坡度和对应列车的制动性能等固定参数,实时计算得到速度监控曲线,并监控实际驾驶曲线处于速度监控曲线下方,如果列车运行超速碰撞了速度监控曲线,车载设备将自动触发常用制动或紧急制动,保证列车安全运行。

第三节　CTCS-3 级列控系统

CTCS-3 级列控系统是基于 GSM-R 无线通信实现车—地信息双向传输,通过无线闭塞中心(RBC)生成行车许可,轨道电路实现列车占用检查,应答器实现列车定位,并具备 CTCS-2 级列控系统功能的列车运行控制系统。

一、系统结构及功能

CTCS-3 级列控系统包括地面设备和车载设备,系统总体结构如图 2-6 所示。

1. 无线闭塞中心(RBC)

根据轨道电路、联锁进路等信息生成行车许可;通过 GSM-R 无线通信系统将行车许可、线路参数、临时限速传输给 CTCS-3 级列控车载设备;通过 GSM-R 无线通信系统接收车载设备发送的位置和列车数据等信息。

2. GSM-R 网络

用于实现车载设备与地面设备的双向通信。

3. 应答器

用于实现车载设备与地面设备的双向通信;向车载设备传送线路参数和临时限速等信息,满足后备系统的需要。

4. 轨道电路

实现列车占用检查;发送行车许可信息,满足后备系统的需要。

5. 车载安全计算机

根据地面设备提供的行车许可、线路参数、临时限速等信息和列车参数,按照目标—距离连续速度控制模式生成动态速度曲线,监控列车的安全运行。

综上所述,与 CTCS-2 级列控系统相比,CTCS-3 级列控系统特点如下:

(1)地面设备增加无线闭塞中心 RBC、GSM-R 无线通信网络。

(2)车载设备增加 GSM-R 无线通信单元及天线。

(3)车载设备根据 RBC 的行车许可,生成连续速度控制模式曲线,实时监控列车安全运行。

二、CTCS-3 级列控系统控车原理

CTCS-3 级列控系统控车原理如图 2-7 所示。系统通过应答器实现列车定位,利用 ZPW-2000 轨道电路实现列车占用和完整性检查,列车通过 GSM-R 无线网络给 RBC 发送列车位置和速度等信息,RBC 根据车载设备发送的信息,结合车站联锁的进路信息及限速信息,

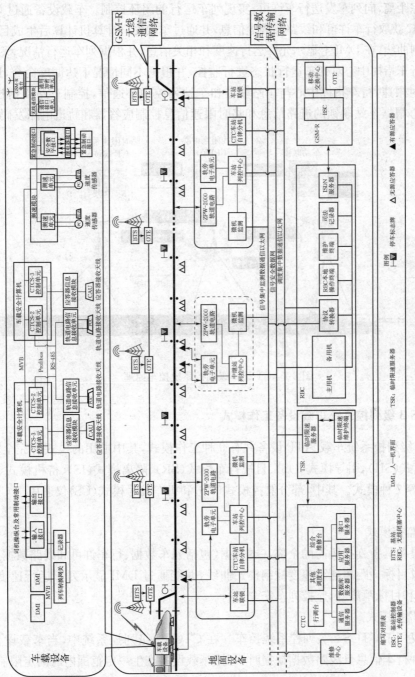

图2-6 CTCS-3级列控系统结构图

缩写对照表

BSC: 基站控制器　　　BTS: 基站　　　TSR: 临时限速

OTE: 光传输设备　　　RBC: 无线闭塞中心　　　DMI: 人—机界面

图例

人—机界面　　　停车标志牌　　　无源应答器　　　有源应答器

计算列车追踪距离,向列车发送行车许可,实现列车运行的闭环控制。车载设备通过 GSM-R 无线网络从 RBC 获取行车许可和线路参数等信息,并通过车载安全计算机计算后生成目标—距离连续速度控制曲线,在 DMI 上显示允许运行速度和相关信息,并根据列车运行情况,发出不同的语音提示。行车指挥中心对列车运行状态进行监控,并根据不同情况下达调度命令,RBC 操作终端设置临时限速,行车指挥中心与车站联锁和车站列控中心通信,控制车站联锁排列进路,车站列控中心根据车站联锁的进路信息和临时限速信息控制应答器和轨道电路发码。

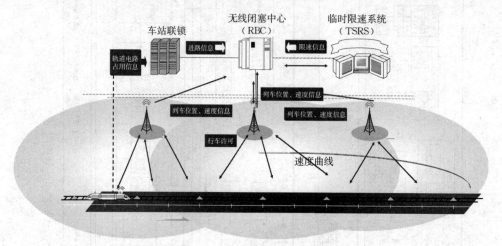

图 2-7　CTCS-3 级列控系统控车原理

三、CTCS-3 级列控系统车载设备工作模式

CTCS-3 级列控系统车载 ATP 设备共有 9 种工作模式,其中通用的模式有完全监控模式(FS)、调车模式(SH)、引导模式(OS)、目视行车模式(SR)、隔离模式(IS)、待机模式(SB)和休眠模式(SL)等 7 种模式。其中,部分监控模式(PS)和机车信号模式(CS)仅适用于 CTCS-2 级列控系统。

1. 完全监控模式

当车载设备具备列控所需的全部基本数据(包括列车数据、行车许可和线路数据)时,列控车载设备生成目标—距离连续速度控制模式曲线,并能通过 DMI 显示列车运行速度、允许速度、目标速度和目标距离等,监控列车安全运行。

2. 部分监控模式

该模式仅用于 CTCS-2 级列控系统控车。在 CTCS-2 级列控系统中,当车载设备接收到轨道电路允许行车信息且线路数据缺损时,列控车载设备产生一定范围内的固定限制速度,监控列车运行。

3. 调车模式

进行调车作业时,司机按压"调车"按钮,列控车载设备按固定限制速度40 km/h(顶棚),监控列车前进或折返运行。

4. 引导模式

引导信号开放或出站信号开放且列车前端距离出站信号机较远(大于250 m)发车时,列控车载设备生成目标—距离连续速度控制模式曲线,并通过DMI显示列车运行速度,当司机请求时,也显示允许速度、目标速度和目标距离等,车载设备按固定限制速度40 km/h监控列车运行,司机负责在列车运行时检查轨道占用情况。

5. 目视行车模式

地面设备故障、列控车载设备显示禁止信号且列车停车后需继续运行时,根据行车管理办法,经司机操作,列控车载设备按固定限制速度40 km/h监控列车运行,列车每运行一定距离(300 m)或一定时间(60 s)司机需确认一次。

6. 待机模式

列控车载设备被上电后,执行自检和外部设备测试正确后自动处于待机模式,车载设备禁止列车移动。

7. 隔离模式

列控车载设备停用时,需在停车情况下,经操作隔离列控车载设备的制动功能。在该模式下,车载设备不具备安全监控功能。列控车载设备应能够监测隔离开关状态。

8. 机车信号模式

该模式仅用于CTCS-2级列控系统控车。列车运行到地面设备配置未装备CTCS-3/CTCS-2列控系统的区段,根据行车管理办法(含调度命令),经司机操作后,列控车载设备按固定限制速度80 km/h监控列车运行,并显示机车信号。

列车越过禁止信号时触发紧急制动。

9. 休眠模式

该模式用于非本务端列控车载设备。在该模式下,列控车载设备仍执行列车定位、测速测距、记录级间转换及RBC切换信息等功能。升为本务端后,车载设备可自动进入正常工作状态。

四、CTCS-3级列控系统功能主要特点

(1)基于GSM-R实现大容量的连续信息传输,可以提供最远32 km的目标—距离、线路允许速度等信息,满足跨线运营。

(2)CTCS-3级列控系统满足跨线运行的运营要求,CTCS-3级列控系统通过在应答器里集成CTCS-2报文,满足200~250 km/h,同时作为CTCS-3的后备系统。

（3）车—地双向信息传输，地面可以实时掌握列车位置、速度、工作模式和列车状态等信息，并可在 CTC 系统上实时显示。

（4）临时限速的灵活设置，可以实现任意长度、任意速度、多数量的临时限速设置。

本章小结：列控系统具有线路空闲检测、危及行车安全因素的检测和间隔控制和速度控制的功能，测速、列车定位及地—车信息传输是其关键技术。列控系统具备了高速铁路行车所需要的以速度信号代替色灯信号，以车载信号作为行车凭证，车载信号设备直接控制列车减速或停车这三大安全要求。CTCS-2 级列控系统是基于轨道传输信息的列控系统，CTCS-3 级列控系统是基于无线传输信息并采用轨道电路等方式检查列车占用的列车运行控制系统。

 思考题

1. 简述列控系统的关键技术。
2. 简述 CTCS 列控系统的体系结构。
3. 简述 CTCS 的基本概念。
4. 简述 CTCS-2 级列控系统的工作原理。
5. 简述 CTCS-2 级列控系统的控车原理。

第三章
调度集中系统

本章提要：我国新建高速铁路均采用新一代分散自律调度集中系统（FZk-CTC）；既有线提速区段则采用调度集中或列车调度指挥系统（TDCS）。本章阐述了调度集中系统的概况、分散自律调度集中的控制原理及结构组成。

第一节　调度集中系统概述

一、分散自律调度集中系统概述

调度集中是调度中心（调度员）对某一区段内的信号设备进行集中控制、对列车运行直接指挥、管理的技术装备，是实现行车调度指挥现代化的重要手段。

分散自律调度集中系统，综合了计算机、网络通信和现代控制技术，是采用智能化分散自律设计原则，以列车运行调整计划控制为中心的高度自动化调度指挥系统。以分散自律控制模式为基本特征，以下简称"调度集中系统"或"CTC"。

"分散"是将过去由调度所集中控制所有车站的列车作业方式，改为由各个车站设备独立控制各自的列车和调车作业，并在不影响列车运行的原则下，允许控制中心和车站通过调度集中系统自主进行调车的功能。"自律"指的是依据各站的特点，可对调度所的控制指令和车站输入的控制指令进行自动排序，自动协调列车作业和调车作业，自动控制列车进路和调车进路。

二、分散自律调度集中系统的功能及组成

（一）调度集中系统的功能

调度集中基于"分散自律"控制原则，即调度所将行车计划下达至车站，根据列车运行调整计划由车站协调完成进路选排、冲突检测、输出控制等功能。

（1）监视信号设备和列车运行，站间和区段透明。

(2)追踪列车运行位置和到发时刻,描绘实迹运行图。

(3)辅助编制和调整列车运行计划。

(4)通过系统网络向车站下达计划和调度命令。

(5)通过系统网络和无线通信向机车下达调度命令、调车作业单、行车凭证和进路预报等信息。

(6)自动编制车站行车日志。

(7)追踪列车编组状态。

(8)遥控车站联锁设备。

(9)自律机自主控制列车进路。

(10)自律机根据机车请求和列车运行状况,自主控制调车进路。

(11)实现维修作业的综合管理和远程登录、销记。

(12)具有完备的网络安全防护功能。

（二）调度集中系统组成

调度集中系统由调度中心子系统、车站子系统、网络通信子系统等三部分构成,并可与计算机联锁、列控中心、临时限速服务器(TSRS)、无线闭塞中心(RBC)、防灾安全监控等其他系统连接,构成功能完善的列车运行指挥安全控制体系,其结构示意如图 3-1 所示。

调度集中系统是计算机分布式系统。根据运输指挥模式分为调度中心及车站两级结构。在调度中心网络环境下设置服务器和工作站,并运行相应的应用软件;在车站网络环境下设置工业控制计算机,运行相应功能的应用软件。两者协同工作,实现系统功能。

（三）调度集中的控制模式

1. 分散自律控制模式

以列车运行调整计划自动控制为基本模式,同时具备调度中心、车站人工直接控制的能力。调度中心将列车运行调整计划下达给所辖各站的自律机。自律机根据车站的具体情况,在保证列车计划不受影响、调车作业受到列车计划约束的条件下,自主地将列车计划和调车作业信息变换成列车进路指令和调车进路指令,并协调、实时传送到联锁系统,予以执行。

分散自律控制模式下,在调度集中设备上输入命令有效,在联锁操表机上操作无效,联锁系统无法输入命令,此时只有"非常站控"按钮是有效的,其他的按钮全部失效。调度集中系统控制模式示意如图 3-2 所示。

分散自律调度集中命令入口有:助调工作站;车站车务终端;车站自律机。前两者是人工输入的命令,后者是自动生成的命令。这三处的命令全部下达到联锁系统执行。

2. 非常站控模式

非常站控模式是指当调度集中设备故障、发生危及行车安全的情况或设备"天窗"维修、施工时,脱离系统控制转为车站传统人工控制的模式。利用设置在联锁操作台上的"非常站控"按钮可将调度集中无条件地从分散自律控制模式转为非常站控模式,如图 3-2 所示。

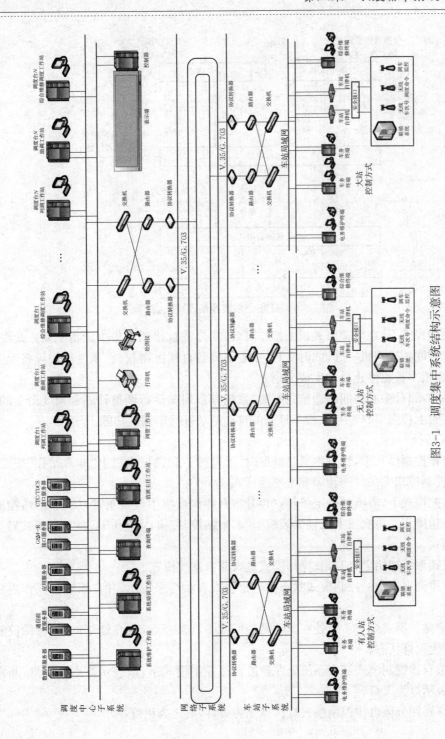

图3-1　调度集中系统结构示意图

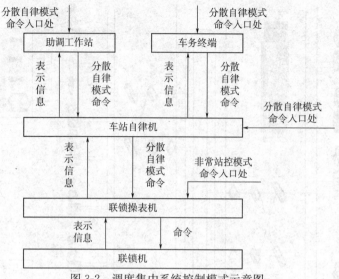

图 3-2　调度集中系统控制模式示意图

非常站控模式下,在联锁操表机上操作有效,在分散自律调度集中设备上输入命令无效。命令入口只有联锁操表机一处,此时 CTC 中心不具备直接控制权,在调度集中设备上无法输入命令,自律机本身也停止自动生成命令。

当车站与 CTC 中心之间的通信完好时,系统具备列车运行调整计划和调度命令的下达、行车信息实时上传至 CTC 中心、行车日志的自动记录等行车调度功能。

3. 模式转换

分散自律控制模式下,当发生紧急情况时,通过按下联锁操表机上"非常站控"按钮,可以将 CTC 的控制模式无条件的转为非常站控模式。

非常站控模式下,需满足一定条件:(1)分散自律调度集中设备正常;(2)非常站控下没有未完成的按钮操作。再次按下联锁操表机上"非常站控"按钮,可将 CTC 的控制模式转为分散自律控制模式。

车站联锁系统初始上电时,其操作模式进入非常站控模式。

分散自律调度集中的控制模式状态由三个模式表示灯来表示,并在系统各操作界面上均应显示。

(1)非常站控模式灯。系统处在非常站控模式下,该表示灯点亮红灯;分散自律控制模式下该表示灯为灭灯状态。

(2)分散自律控制模式灯。系统处在分散自律控制模式下,该表示灯点亮绿灯;非常站控模式下,该表示灯为灭灯。

(3)允许转回分散自律控制模式灯。点亮为黄灯,反之为灭灯。

第二节　调度集中自律控制原理

一、列车进路的控制

运行在各车站自律机上的自律控制软件模块,根据各列车的实绩运行情况,将调度员下达的列车运行调整计划转化为对车站联锁系统的控制命令,从而实现运输指挥的高效、智能控制。

(一)列车进路的控制方式

列车进路控制有三种方式,如图3-3所示。各种方式均要通过自律运算,才会向联锁系统输出。

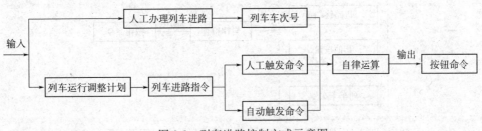

图3-3　列车进路控制方式示意图

1. 自动触发命令

自动控制方式指的是图3-3中的自动触发命令方式。它是系统处于分散自律控制模式下进路控制的基本方式,又称为计划控制方式或自动按图排列进路方式。

车站自律机将列车运行调整计划与列车的实际位置信息相结合,依据CTC中心下达的列车运行调整计划,按照《铁路技术管理规程》(以下简称《技规》)、《行车组织规则》(以下简称《行规》)和《车站行车工作细则》(以下简称《站细》)等办理行车的规定,对列车进行跟踪,当列车到达应进行进路控制的位置时,通过自律检查后转化为命令,向联锁系统输出进路控制信息,控制相应的进路。

2. 人工触发命令

选中某一条进路指令,利用"触发"菜单,人为地请求自律机立即执行该条命令。人工触发方式优于计划控制。

人工触发某一条命令后,自律机依据列车运行调整计划及各种列车规定,对列车进路指令进行自律检查,决定是否向联锁系统输出。如果有冲突,则弹出对话框告警,询问是否强行办理;如果无冲突,会直接下达到联锁系统进行进路的办理。

人工触发的列车指令内容,按照规定的通信帧形式发送给自律机,进行自律检查后,输出按钮命令,控制列车进路执行。

3. 人工办理列车进路

在临时变更或来不及调整计划时,可以利用人工直接操作按钮的方式先排出进路,人工办理列车进路优先于计划自动控制的命令。

按压"始端"或"终端"按钮后,还要输入相关的列车车次号,如图3-4所示。按钮命令和车次号信息组成规定的通信帧形式,发送给自律机,自律机依据列车运行调整计划对输入车次号的对应计划进行自律检查后,向联锁系统下达进路办理的命令,有冲突的会报警提示。

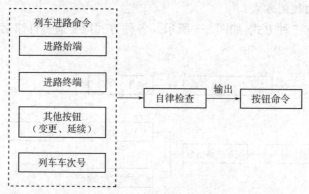

图 3-4　列车进路办理人工操作命令的执行过程示意图

人工单击"取消进路"按钮、"始端"按钮后,如符合"谁办谁解"的原则,则直接取消进路。

(二)列车进路的自律控制流程

(1)在列车调度工作站编制、下达列车运行调整计划,并确认是否收到计划回执。

列车调度员编好列车运行调整计划并下达后,计划先被提交给 CTC 应用服务器,再传送至各车站自律机。车站自律机收到来自系统中心的计划后,会给列调工作站一个自动回执。在列调工作站上可以看到计划回执状况,以保证列车运行调整计划被及时、可靠地下达到各个车站。列车运行调整计划还可以自动下达,距前一次下达计划间隔一定时间,就自动下达一次当前的列车运行调整计划。

(2)车站自律机收到列车运行调整计划后,自动将列车运行调整计划转换为列车进路指令序列,按接、发车分类列表,将进路指令序列表传送至 CTC 中心助调工作站和车站车务终端上显示。由运输人员对进路指令表进行确认修改。

(3)至排列进路的规定时机,车站自律机根据无线车次号信息、列车运行调整计划车次号信息、系统逻辑跟踪的车次信息进行车次号校核。只有三方车次号一致,车站自律机自动检查通过后,才向联锁系统下达进路控制命令。

(4)进路排列完成后,自律机自动通过无线通信方式以文字方式向司机提供前方站的接车进路预告信息。

(5)车站自律机将来自联锁系统的站场状态信息及自身采集的表示信息发送至 CTC中心。

(6)车站自律机按照报点规则自动采集列车的到、发点或通过点,并将报点信息发送至CTC 中心,CTC 中心依次来自动描绘列车实绩运行图;车站自律机将报点信息传送至车务终端,车务终端根据该信息自动填写"运统 2"、"运统 3"报表。

(7)车站自律机检查列车实绩运行情况,如果列车的接车、发车或通过执行完毕,更新已下达联锁系统的进路队列。

二、调车进路的控制

根据调车计划,跟踪调车过程,判断每钩进路是否符合自律条件,符合时办理调车进路。对人工调车进路命令进行自律条件判断。办理调车进路时,自律控制模块依据列车运行调整计划在时间和空间上对列车和调车进路进行检查,无冲突后方可排列。

（一）调车进路的控制方式

分散自律控制模式下的调车作业,有自动触发命令和人工触发命令、人工办理调车进路三种方式。调车进路控制如图 3-5 所示。

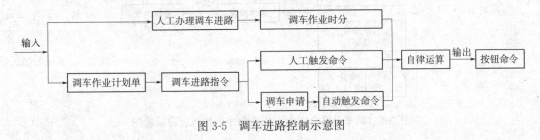

图 3-5 调车进路控制示意图

1. 自动触发命令

调车进路由自律机自动触发,自动触发的条件是:(1)本次调车作业的作业单已发到机车并收到回执;(2)已收到司机向自律机发送的无线调车进路排列申请信息;(3)列车运行调整计划执行中,经自律运算出的调车时间已到。

调车作业工作准备就绪后,司机通过机车上的无线通信系统向 CTC 提出排列进路的申请,自律机收到机车的调车申请后,核对调车作业单号和机车号,根据已知调车进路及该调车进路预计的占用时间,判断列车运行调整计划与该调车进路在空间上是否冲突。若空间上冲突,为该调车进路寻找列车的空当;如空间上不冲突,联锁、《站细》条件满足,则触发当前调车作业钩相应的调车进路;若空间上冲突但是有足够的列车空当,联锁、《站细》条件满足,则触发调车进路；如空间、时间全冲突且不为强制执行时，等待，直到有相应的空当且联锁、《站细》条件满足时方触发调车进路。

2. 人工触发命令

当不具备机车设备或无线通信系统时，运输人员可以在 CTC 的调车计划管理界面中相应的调车钩指令位置处进行人工触发调车进路指令。无人站在 CTC 中心助调工作站人工触发，有人站在车务终端上人工触发。

3. 人工办理调车进路

在临时变更或计划来不及调整时，可人工操作先排出进路且人工操作优先于计划自动控制。

调车人工操作命令的执行过程如图 3-6 所示，人工用鼠标单击"始端"按钮、"终端"按钮办理进路，并将"调车进路"按钮和调车钩作业预计时分组成规定的通信帧，发送给自律机，自律机进行联锁逻辑判断，按《站细》和列车运行调整计划要求，自律检查向向联锁系统下达调车进路的命令。人工单击"取消"进路按钮、"始端"按钮后，如符合"谁办谁解"的原则时，则直接取消进路。

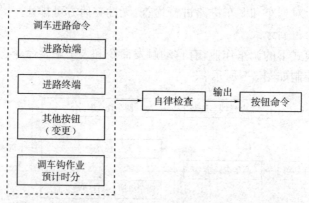

图 3-6 调车进路办理人工操作命令的执行过程示意图

调车进路人工排列权限依据车站是有人站或无人站进行界定，一般情况下不允许多处人工办理调车进路。

(二)调车作业的自律控制流程

调车自律控制允许中心通过助理调度员终端办理无人车站的调车作业；对于有人车站，也允许车站通过车站调车控制终端办理本站调车作业。

1. 有人站调车作业

(1)车站值班员编制调车作业单，并确认车次、调车机号、每钩作业的进路，以及作业预计时分正确无误后，将这些信息提交给自律机，自律机将调车作业单发送至 CTC 中心的助调工作站，供其查阅浏览。

(2)在车站打印调车作业单,交给调车组人员或由车站值班员利用调度命令无线传送系统或 GSM-R 系统向机车发送调车作业单。机车的调车申请也通过无线通信系统发送至车站自律机。

(3)车站自律机收到调车作业计划后,依据车次信息进行自律运算。

(4)自律机不断跟踪机车的调车申请,安装自律算法控制调车进路的执行时机,并适时地向联锁系统下达调车选路命令。

(5)车站自律机将来自联锁系统的站场状态信息,以及自身采集的表示信息发送至 CTC 中心。

(6)车站车务终端及 CTC 中心的助调工作站适时地显示每钩作业的进路执行状态,包括:排列完成、被占用、已出清等。

2. 无人站调车作业

(1)助理调度员在 CTC 中心的助调工作站编制调车作业单,并确认车次、调车机号及每钩作业的进路及作业时分正确无误后,这些信息经 CTC 应用服务器转发到车站自律机。

(2)助理调度员可以利用调度命令无线传送系统或 GSM-R 系统将调车作业单传送至机车,由机车打印调车作业单。系统还可接收来自机车的调车申请。CTC 与两种无线通信方式的结合路径不同。利用调度命令无线传送系统,通过车站自律机给机车发送调车作业单;利用 GSM-R 系统,是通过 CTC 中心的 GSM-R 接口服务器给机车发送调车作业单。机车收到调车作业单后,向车站自律机和 CTC 中心发送调车作业单回执信息。

(3)车站自律机收到调车作业计划后,依据车次信息进行自律运算。

(4)车站自律机不断跟踪机车的调车申请,按照自律算法控制调车进路的执行时机,并适时地向联锁系统下达调车选路命令。

(5)车站自律机将来自联锁系统的站场状态信息及采集的表示信息发送至 CTC 中心。

(6)助调工作站适时地显示每钩作业的进路执行状态,如排列完成、占用、出清等。

三、自律控制的流程及检查

(一)自律控制的流程

在车站自律机内设置了两个队列:(1)待办理的进路队列;(2)已下达到联锁系统的进路队列。车站自律机可采取周期性循环(1~2 s)完成自律控制功能:

(1)首先检查是否有来自 CTC 中心的列车运行调整计划下达。如果接收到新计划,通过查阅本站的联锁表把计划解析为进路,把对应此计划的进路占用时间表建立起来。这些进路以队列结构形成待办理的进路队列。

(2)跟踪所有列车车次,记录列车实时位置。

(3)遍历待办理的进路队列,查看每条进路对应的列车位置。判断是否满足进路规定的触发时机。

(4)如果触发时机满足且自律检查通过,则发送进路命令,办理进路,并将此已办理进路从待办理的进路队列中排除,加入到已下达联锁系统的进路队列中。

(5)遍历已下达联锁系统的进路队列,如果进路未办出,给出报警。1 min后自动重复办理。

(6)检查列车的实绩运行情况,如果列车的接车、发车或通过执行完毕,更新已下达联锁系统的进路队列。

(7)对于手工办理的列车进路,进行相关检查后将命令直接发送给联锁系统执行。

(8)凡涉及列车作业相关进路的调车作业指令,在将要执行、变成命令前,必须经过空间与时间上的冲突检查,在确保不影响列车作业的基础上,才可执行。

(9)如果收到机车申请的调车进路,检查所有进路占用表及车站《站细》,是否有足够的时间空当来执行调车进路,如满足,将命令直接发送给联锁系统执行;不满足时,则报警。

(10)对于手工办理的调车进路,检查所有进路占用表及车站《站细》,是否有足够的时间空当来执行调车进路,如满足,将命令直接发送给联锁系统执行;不满足时,则报警。

(二)自律检查

车站自律机在下达指令前要进行合法性、时效性、完整性和无冲突性的自律检查。

(1)合法性。指的是自律机将要下达的进路指令来源是否合法,以及在列车运行调整计划中是否存在。

(2)时效性。指的是自律机将要下达的进路指令是否为过时指令,以及在列车运行调整计划中还未执行且是未执行计划中时间最早的一个。

(3)完整性。下达的指令是完整的一个指令组。

(4)无冲突性。检查股道、列车和调车作业之间的冲突。主要包括:信号联锁关系的检查;分路不良条件检查;接发车线路的使用检查;相对方向同时接车或同方向同时发接列车的检查;列车、调车作业之间的冲突检查。

第三节　调度集中系统控制中心子系统

调度集中系统控制中心一般设在铁路局调度所,负责控制整个调度区段列车的运行,又称调度所子系统。

一、调度集中系统控制中心子系统结构

调度集中系统控制中心子系统包括调度中心应用系统、中心机房设备及维修子系统。设备分设在中心机房和调度台,其结构如图3-7所示。

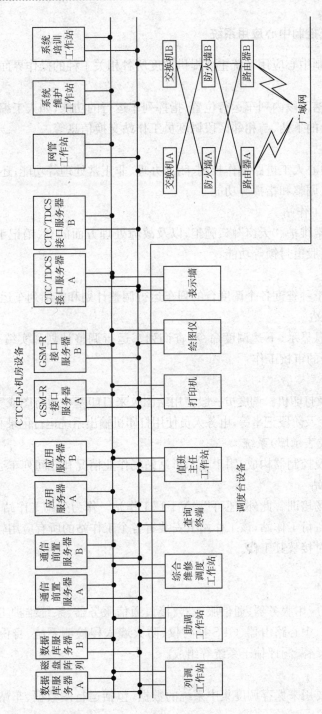

图3-7　调度集中系统整制中心子系结构示意图

二、调度集中系统控制中心应用系统

调度集中系统控制中心应用系统主要提供调度所各相关工种的操作界面和培训功能。

1. 列调工作站

主要实现监控管辖区段内列车运行位置、指挥列车运行的功能,如人工编制和调整列车运行调整计划、调度命令的下达、与相邻区段调度员工作站交换信息等。

2. 助调工作站

主要实现 CTC 中心人工进路操作控制、闭塞办理、非正常处理等功能;还实现无人车站的调车作业计划的编制、调整和指挥等功能。

3. 综合维修调度工作站

主要用于设备日常维护、"天窗"修、施工,以及故障处理方面的登、销记手续办理,并具有设置临时限速和区间、股道封锁等功能。

4. 查询终端

主要用于各调度工种查询各个调度台的列车运行调整计划和实绩列车运行图的功能。

5. 值班主任工作站

主要实现行车信息显示、下达调度命令、查询列车运行调整计划和实绩列车运行图的功能,完成高级调度命令的审核工作。

6. 打印输出设备

通常包括绘图仪及打印机。调度员一般使用绘图仪来打印基本运行图或实绩运行图,使用打印机来打印调度命令及阶段记事等;电务人员使用打印机输出系统运行记录和操作记录等。

7. 大屏幕投影(或表示墙)系统

一般由显示设备及控制器构成,用于显示车站站场作业情况和区间列车运行情况等信息。

8. 系统培训工作站

用于调度员的现场培训。此外,还可设"N+1"工作站。作为列调工作站、助调工作站、综合维修调度工作站的备份工作站,该工作站上安装有各个工作站的所有应用软件,当其中任意一台工作站发生故障时接替其工作。

三、中心机房设备

由数据库服务器、应用服务器、通信服务器、接口通信服务器、系统维护工作站、网络管理工作站、以太网交换机、中心路由器、GPS 授时仪、防火墙入侵检测系统、身份认证控制中心、网络防毒控制中心、网络漏洞评估子系统等组成。

1. 数据库服务器

数据库服务器主要用来保存调度集中系统的数据,包括运行图数据、车站信息、区段信息等基础静态数据表,以及计划数据、调度命令、站场表示信息、实绩运行图等动态数据。在数据库表间建立适当的约束关系,保证数据的完整性,并具备完善的数据备份和恢复机制。实绩运行数据要保存12个月以上。

一般CTC中心配备一套数据库服务器。每台服务器配置双网卡,与CTC中心其他设备双网互联。

2. 应用服务器

CTC服务器是整个调度集中系统的核心,负责整个系统的数据收发、数据处理,以及数据储存等工作;完成运行图的自动调整,负责向CTC中心所有工作站提供行车表示信息、列车编组信息、车次号跟踪信息、列车报点信息等。

一个调度集中系统配备一套应用服务器。每台服务器配置双网卡,与CTC中心其他设备双网互联。

3. 通信前置服务器

通信前置服务器用于调度中心和车站子系统之间的数据交换。通常根据管辖车站的数量,一个调度集中系统配备一套或多套通信前置服务器。每台服务器配置双网卡,与CTC中心其他设备双网互联。

4. GSM-R接口服务器

GSM-R接口服务器实现CTC通过GSM-R系统与机车交换相关数据的功能。

GSM-R接口服务器由两台高性能服务器组成,采用双机热备的工作模式。

GSM-R接口服务器通过防火墙与GSM-R系统网络连接,每台服务器配置双网卡,与CTC中心其他设备双网互联。

5. CTC/TDCS接口服务器

铁路局内CTC调度区段的信息需要由TDCS送往中国铁路总公司(以下简称铁路总公司)及相邻铁路局;CTC与铁路局铁路运输管理信息系统(TMIS)进行数据交换也要通过TDCS进行;CTC调度区段与TDCS调度区段往往要在调度台之间或邻局调度台间进行信息交换。

为了实现上述数据交换的目的,可利用CTC/TDCS接口服务器进行。一般由两台服务器构成,工作模式为双机热备。每台接口服务器配置双网卡。

6. 电源设备

主要包括可以转换两路电源屏和两台构成双机热备的大容量不间断电源,采用免维护蓄电池,CTC中心持续供电时间不小于30 min。

7. 防雷设备

包括电源引入防雷和通信线路的通道防雷。要求具有通流容量大、漏流小、断续流能量强、技术参数稳定、使用寿命长、维修量小等特点。

四、维修子系统

1. 系统维护工作站

主要用于对 CTC 系统的调度中心及车站的计算机设备、网络通信设备的运行状态进行监视。对故障设备进行报警、记录和回放进路的排放出清、现场计算机设备和网络设备的诊断和维护等,以及配置数据的修改、基本图的导入等系统维护工作。

在授权的情况下,具有远程维护与技术支持功能。该工作站配置双网卡,与 CTC 中心其他设备双网互联。

2. 网管工作站

网管工作站具有诊断报警功能,提供网络拓扑图状态、通道的信息流量和网络连接等信息,主要用于网络诊断报警、提供网络拓扑图状态、通道的流量和网络连接等信息,便于系统网络故障的快速定位。该工作站配置双网卡,与 CTC 中心其他设备双网互联。

第四节 车站子系统

车站子系统是系统实现分散自律功能的基本单元,各设备通过双网卡、双交换机、双路由器等与 CTC 中心相连,成为整个广域网中的一个节点。

CTC 中心将列车运行调整计划下达至车站,车站子系统根据计划完成进路的选择、冲突检测、控制输出等核心功能;还可实现调车作业计划单编制及调车作业进路控制的功能。

一、系统结构

车站子系统主要设备包括车站自律机、车务终端、打印机、综合维修终端、电务维护终端、网络设备、电源设备、防雷设备、联锁系统接口设备和无线系统接口设备等,分设在信号机械室和车站运转室。车站子系统的结构如图 3-8 所示。

车站子系统以两台交换机构成双局域网平台,两台自律机、两台车务终端、一台综合维修终端、一台电务维护终端及一台网络打印机都通过双局域网平台连接在一起。

车站设备通过路由器与 CTC 中心实现远程信息的交换和共享。

二、信号机械室设备

(一)车站自律机

车站自律机对列车进路及调车进路进行可靠分离控制,监控车站联锁系统对进路命令的执行情况,并根据反馈信息对有关进路进行必要的调整。

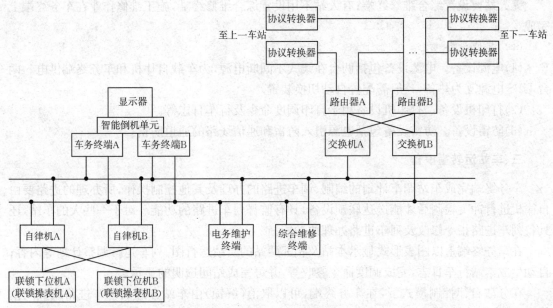

图 3-8 车站子系统结构示意图

对于计算机联锁车站,车站自律机通过串口与其连接,对计算机联锁系统没有包含的信息,自律机设置采集系统来解决;对于 6502 电气集中车站,自律机还要增加驱动电路,实现与信号设备的结合,自律机根据运算结果适时地将命令发送给驱动系统执行。

车站自律机一般由高可靠的工业控制计算机和驱动及采集系统设备组成,为双机热备制式。双套系统对信息处理互不干扰,并且可以自动切换。

在没有 GSM-R 数字移动通信系统的调度区段,车站自律机通过串口和无线车次号校核系统、调度命令无线传送系统的车站设备连接,从而实现系统与机车信息的交换。

为了实现信息共享,自律机采集的表示信息可以通过网络或串口传送给其他系统,如信号微机监测系统。

(二)电务维护终端

监视系统的运行状况,对所有操作控制命令、设备运用情况、故障报警信息和车站网络运行状态等进行分类存储、查询和打印,所有记录应能保存 15 d 以上。

(三)综合维修终端

综合维修终端用于电务、工务、电力等部门进行设备维修、施工和抢险时现场人员和 CTC 中心的联系,具备"行车设备检查登记簿"的所有内容。经 CTC 中心综合维修调度员同意,可完成日常维护、"天窗"修、施工计划的接收、签收,维修、施工的联系、要点、登记和销记等。

无人站要设置综合维修终端;有人站不用设置综合维修终端,施工维修作业在车务终端上完成。

(四)其他设备

(1)电源设备。电源设备包括两台在线式不间断电源,为车载自律机和车务终端供电。两台 UPS 电源互为热备,一般需配置自动切换装置。

(2)打印机设备。打印机设备用于打印调度命令及行车日志等。

(3)防雷设备。防雷设备包括电源引入防雷和通信线路的通道防雷。

三、车站运转室设备

车务终端完成车站调车计划的编制、调车进路的办理及其他控制操作,所办理的进路要由自律机进行冲突检测后才能送达联锁设备,具有监督列车进路的功能。对于一些大的车站,还具备列车进路指令修改及列车进路办理的功能。

在车务终端上以图表形式显示本站及相邻两站的实绩运行图、列车运行调整计划等内容;自动生成本站行车日志,完成调度命令签收等,并可完成站间透明的显示。

在分散自律控制模式下,在车务终端,可以取消(解锁)由车站办理的调车进路或关闭信号,但不能取消(解锁)CTC 中心办理的调车进路,即实现"谁办谁解"的设计原则。

车务终端一般采用两台双机热备的工业控制计算机。两台车务终端可以共用显示器、鼠标及键盘等外部设备,还安装一台智能倒机单元连接车务终端的 A、B 机与各个外部设备,并实现 A、B 机与外部设备连接的自动倒换。

车务终端 A、B 机在经过运算判断后确定主、备机,并将主、备机信息发送给倒机单元,由倒机单元进行主、备机的倒换,同时将各种外设切换到应用的主机上。

第五节　网络子系统

系统采用通用的互联网体系结构,通过安装在调度中心的交换机将各中心设备连接成一个局域网,各站的交换机将车站设备连接成一个局域网,然后通过控制中心和车站的路由器将局域网互联成为覆盖范围较大的广域网。

一、系统结构

网络子系统由网络通信设备和传输通道构成,包括 CTC 中心局域网、车站局域网及系统广域网三部分,其结构如图3-9所示。

二、铁路局 CTC 中心局域网

铁路局 CTC 中心网络设备主要包括两台路由器、两台交换机、若干协议转换器和网络防

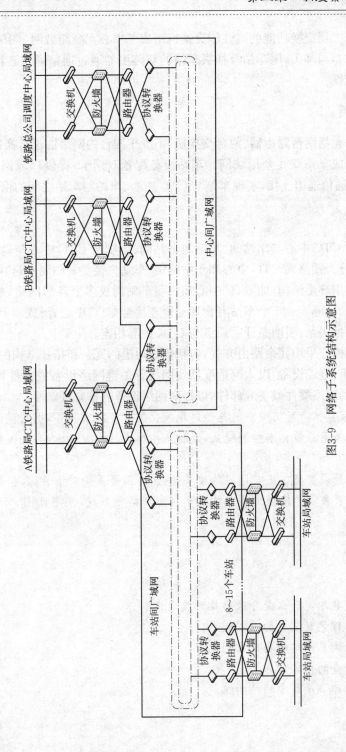

图3-9　网络子系统结构示意图

火墙等。两台具有三层交换功能的高性能交换机组成了中心冗余局域网。中心设备配置双网卡,提供广域网接口,与环头、尾车站及抽头车站的双路由器通过通信通道连接,实现 CTC 中心与车站的信息交换。

三、车站局域网

车站网络设备包括两台路由器、两台交换机、不少于四台的网络协议转换器和网络防火墙等。两台交换机组成车站双冗余局域网。车站设备配置双网卡,提供广域网接口,与相邻车站、CTC 中心通过通信通道连接,实现车站与 CTC 中心、车站与车站之间的信息交换。

四、系统广域网

系统广域网由 CTC 中心与车站间、车站与车站间、调度所 CTC 中心与调度所 CTC 中心间的广域网构成,分为铁路局 CTC 中心和车站两层,车站只接受其归属 CTC 中心的控制。

系统广域网采用环形结构,即 CTC 中心和归属车站构成多个环形网络,相邻两站间采用两条物理通道连接,每隔 8～15 个车站有物理通道连接至 CTC 中心,形成一个单独的环;或者根据具体情况设置抽头站,引两条迂回通道与 CTC 中心相连。

系统广域网结构应采用冗余路由方式,包括传输通道的冗余和拓扑结构的冗余。

路由器、交换机、终端设备、以太网适配器及网线等关键网络设备或部件均应采用冗余配置,并选用高可靠的网络硬件设备或部件,以提高网络设备的单套可靠性。

本章小结:分散自律调度集中系统是铁路现代化的重要技术装备,也是现代铁路的新型运输组织形式。系统采用分散自率控制模式,以行车指挥自动化为目标,实现铁路运输指挥的现代化。

现代通信系统是调度集中正常运用的重要基础,应满足系统对语音、数据通信方面的功能要求。由网络通信设备和传输通道构成的双环自愈网络子系统,采用迂回、环状、冗余等方式提高可靠性。

 **思考题**

1. 什么是调度集中?什么是分散自律调度集中?
2. 简述分散自律调度集中的控制模式。
3. 简述列车及调车进路的自律控制流程。
4. 简述自律检查的内容。
5. 简述分散自律调度集中的结构组成。

第四章
计算机联锁系统

本章提要:本章重点介绍了计算机联锁概述、系统工作原理及结构,如 DS6-K5B 型、EI32-JD 型计算机联锁系统。

第一节　计算机联锁系统概述

高速铁路各车站及动车段均设有计算机联锁控制系统。计算机联锁与车站局域网及相关设备共同组成车站综合控制系统。

一、计算机联锁

联锁系统主要是实现道岔、轨道、信号机之间互相制约的联锁关系,用于车站进路的控制,以保证列车运行及作业安全。计算机联锁系统是以计算机作为主要技术手段实现铁路车站联锁的要求,从而完成排列进路、锁闭进路、解锁进路、信号机及道岔控制等任务。

二、计算机联锁系统的功能

(1)联锁控制功能:进路控制、信号控制、道岔控制。

(2)显示功能:站场基本图形显示、现场信号设备状态显示、值班员按压按钮动作的确认显示、联锁系统工作状态故障报警显示、时钟显示、汉字提示。

(3)记录存储功能:系统可按时间顺序自动记录和存储值班员按钮操作情况、现场设备动作情况和行车作业情况,并提供图像再现功能,实现进路存储和自动办理。

(4)故障检测、诊断和报警功能。

(5)利用标准化通信接口板、网络接口板,可以直接与现代化信息处理系统相联结进行数据交换。

三、计算机联锁技术要求

(1)必须符合信号联锁"故障—安全"原则,必须满足《铁路技术管理规程》(普速铁路部分)和《铁路技术管理规程》(高速铁路部分),以及《铁路信号设计规范》,保证信号、道岔和进路之间能够建立起正确的联锁关系。

(2)要具有高可靠性和高安全性,硬件和软件结构应实现模块化和标准化。

(3)要有强适应性和扩展性,能满足各种规模站场和运输的要求,能和其他重要系统,如与其他信号系统结合,并能与其他管理信息系统交换数据。

(4)应能与分散自律调度集中系统接口,向其提供车站状态信息,接收调度集中传来的操作命令并予以执行。

(5)应能与无线闭塞中心、车站列控中心等列控系统接口,向其提供行车必要的状态信息,接收传来的信号降级显示命令并予以执行。

(6)应能与微机监测系统接口,向其提供室内、外联锁设备的联锁状态监测信息。

(7)必须向规定的软件检测设备提供必要的接口。

第二节 计算机联锁系统工作原理及结构

一、计算机联锁的工作原理

计算机联锁是由联锁控制用计算机、各种接口、输入/输出通道及外部设备,通过系统总线连接在一起的实时控制系统。由于涉及行车安全,系统的软、硬件设计必须遵循闭环工作原理,系统工作原理如图 4-1 所示。

硬件实现模块件的闭环沟通,软件使整个系统闭环运转。每一个安全控制信息输出、信息输入的局部环节,系统内部的逻辑处理过程,控制监视机与联锁逻辑处理机之间的联系等,均按闭环原理工作。执行表示机在输出控制命令时,一是要通过驱动板实现驱动信号、道岔、转辙机等现场设备;二是为了实现对现场设备执行情况进行监视,通过输入口采集回读信息。闭环控制中,系统中任何一部分发生故障,系统即可诊断出来并采取措施,进行记录和报警,直至切断输出控制电源以确保安全。

二、计算机联锁系统的结构

(一)基本结构

根据各部分功能和设置的不同,计算机联锁系统的结构可划分为人机对话层、联锁层、执行层和室外设备层,基本结构如图 4-2 所示。

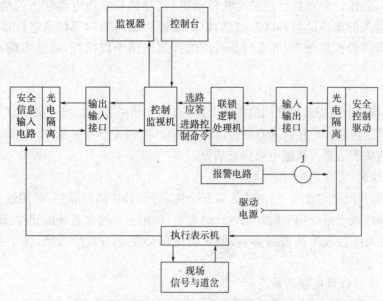

图 4-1 计算机联锁系统工作原理框图

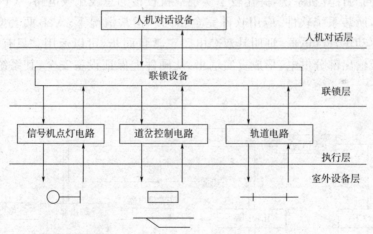

图 4-2 计算机联锁系统的基本结构

1. 人机会话层

接受车站值班员或维修人员的操作指令,向联锁层输入操作信息,接收联锁层输出的反映设备的工作状态和行车作业情况的表示信息。

2. 联锁层

它是车站计算机联锁系统的核心,用来实现联锁运算。联锁层除接收来自人机对话层的操作信息外,还接收来自执行层的反映转辙机、信号机和轨道电路状态的信息,然后根据联锁条件,对输入的操作信息和状态信息,以及联锁机的当前内部信息进行处理,产生相应的输出信息,即信号控制命令,并交付执行层的控制电路予以执行,最终实现动作室外设备的目的。

3. 执行层

指联锁层与各个监控对象之间的控制电路,其主要功能是:(1)接受来自联锁层的道岔控制命令,驱动道岔转换;(2)接收来自联锁层的控制命令,改变信号显示;(3)向联锁层传输信号状态信息、道岔状态信息及轨道电路状态信息。

(二)冗余结构

为满足计算机联锁"故障—安全"的高安全性,必须具备高可靠性、可用性及快速技术支持等要求,计算机联锁系统均采用冗余设计的方法,即用额外增加系统的硬件、软件、信息和时间的冗余方式来掩盖故障造成的影响,使系统中即使某部分发生故障,整个系统仍能正常工作。

1. 二乘二取二计算机联锁系统

二乘二取二联锁系统核心部件是二取二安全型 CPU 板,如图 4-3 所示。在该板上集成了两套完全相同的计算机系统,并比较了实现双机校核的总线比较电路。CPU-A 和 CPU-B 硬件完全相同,所装系统软件、应用软件完全相同。正常情况下,A、B 两套 CPU 工作应完全相同,该板驱动正常继电器,证明其双套电路正常且同步,可以运用。只有正常继电器接点,才能给该板输出部分供电,形成真实输出,从硬件上保证设备安全,其系统结构如图 4-4 所示。

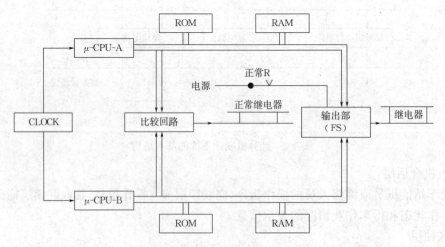

图 4-3　二取二安全型 CPU 板

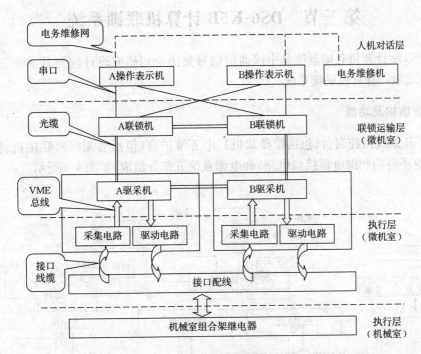

图 4-4 二乘二取二联锁系统结构

2. 三取二计算机联锁系统

系统有 3 个主处理器模块,每个主处理器模块完全独立与 I/O 子系统通信并执行联锁程序,3 个主处理器在每个循环周期比较数据,从而构成三取二联锁系统,如图 4-5 所示。

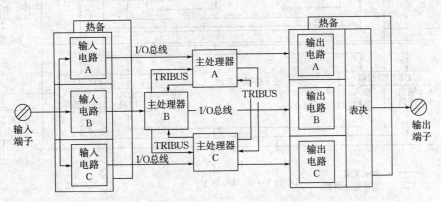

图 4-5 三取二联锁系统结构

第三节　DS6-K5B 计算机联锁系统

DS6-K5B 型计算机联锁系统是中国通信信号集团公司研究设计院与日本京三公司联合开发的二乘二取二计算机联锁系统。

一、系统结构及功能

DS6-K5B 系统由控制台(包括控显双机)、电务维护台(包括监测机)、联锁机、输入/输出接口(包括电子终端和继电器接口电路)和电源系统五部分组成,如图 4-6 所示。

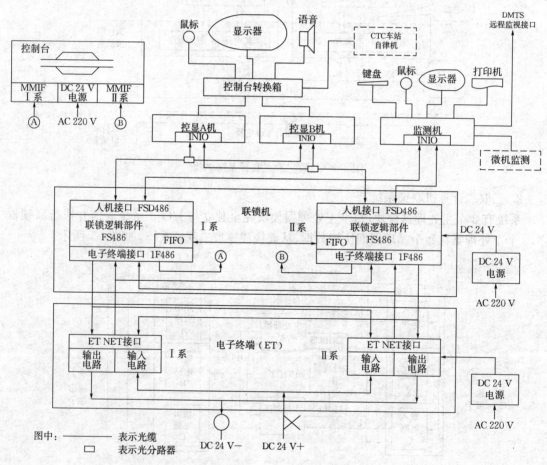

图 4-6　DS6-K5B 型计算机联锁系统结构

1. 控制台

控制台由控显双机和车站值班员办理行车作业的操作设备和显示设备组成。操作设备可以选择按钮操纵盘、鼠标或数字化仪。显示设备可选用图形显示器或单元式表示盘。

每一台控显机内安装了两个采用光缆连接的串行通信接口板,用于同联锁机的二重系通信。控显双机的工作方式为双机热备,无扰切换。控显机转换箱用于控制台操作显示设备与控显双机之间的转换。

控显机配备专用 CTC 通信接口,具有与分散自律型调度集中系统结合的功能。人机界面层包括:控制台分机和监测机,实现车站控制台操作、站场图形显示、系统设备故障监视等功能。

2. 电务维护台

电务维护台设备包括:监测机、键盘、显示器、打印机。监测机内安装两个采用光缆连接的串行通信接口板,用于与联锁机二重系通信,从联锁双机取得联锁系统维护信息。

监测机通过串行通信接口可从微机监测前置机取得模拟量检测信息。

电务维护人员可以通过键盘、显示器、打印机查询或打印输出各类监测信息。

监测机通过通信接口可以与 CTC 等其他系统结合,监测机还具有远程监测和维护的功能。

3. 联锁机

联锁机由二重系组成,以主从方式并行运行。每一系采用"故障—安全"的双 CPU 处理器,两系之间通过并行接口(FIFO)建立高速通道交换信息,实现二重系的同步和切换。

联锁机每一系通过 FSD486(或 FSIO)各用一对光缆经过光分路器与控显双机相连,使联锁的每一系都能够分别与两台控显机通信。联锁机每一系用一对光缆分别与监测机的两个光通信接口相连,联锁机每一系的维护信息分别送到监测机。

联锁机每一系有 5 个连接电子终端的通信接口(IF486 或 FSIO),每个通信接口最多可连接 3 个电子终端机架。

联锁机主、从系各自执行全部处理功能。

联锁机主系在每个处理周期的起始时刻向从系发出同步信号,令从系与主系保持周期同步。

联锁机主、从系交换处理结果,从系取与主系一致的结果输出。

4. 电子终端(ET-PIO)

输入/输出接口称为电子终端(Electronic Terminal)。

电子终端是采用"故障—安全"型双 CPU(FS CPU)构成的智能控制器。电子终端的输出电路按故障导向安全的原则设计,输入采集电路通过有效的自检测功能,能够检测出输入电路的故障,保证输入信息的安全性。因此输出驱动和输入采集均采用静态方式,直接驱动安全型继电器。简化接口电路设计,方便系统维护。

电子终端也是二重系结构,安装在 ET 机笼内。每个 ET 机笼内安装一对 ET LINE 通信模块,并用两根两芯光缆与联锁 2 系的 TLIO(或 F107P)接口的一个 ET NET 线路连接。每个 ET 机笼内可安装五对电子终端(ET-PIO),每个电子终端带有 32 路输入和 32 路输出。联锁机 IF486(或 FSIO)接口最多可连接 5 个 ET NET 线路,每个 ET NET 线路最多可以连接 3 个 ET 机笼。

5. 电源系统

DS6-K5B 型计算机联锁系统要求信号电源屏经隔离变压器单独提供一路单相交流 220 V 电源。从电源屏来的 220 V 电源送到 DS6-K5B 的电源柜,经过 UPS 后向计算机设备供电。

控显机、监测机及控制台显示器等设备使用 UPS 输出的 220 V 电源。系统电源采用两台 2 000 V·A 或 3 000 V·A 的 UPS 热备冗余供电,任意一台故障自动切换,系统不受影响。

DS6-K5B 的联锁机和 ET-PIO 采用两路直流 24 V 电源供电。第一路称为逻辑 24 V 电源(L24),此电源经 DS6-K5B 内部的 DC—DC 变换,产生逻辑电路工作所需的 5 V 电源。第二路称为接口 24 V 电源(I24),供输出接口驱动继电器和输入接口采集继电器状态使用。每一路电源均设两台并联热备工作,共有四台 24 V 电源。

二、系统技术特点

(1)交流电源经 UPS 供给,UPS 和直流稳压电源均采取热备冗余设计,具有过压、过流保护功能。

(2)计算机设备各模块内部用电均经过 DC—DC 变换,实现电气绝缘。所有功能模块之间的连接全部采用光缆连接,做到相互之间的电气隔离。与现场信号设备的连接,经过安全型继电器和电子终端内部光电隔离电路的两级隔离。

(3)联锁机的二重系通过交换同步定时信号,实现周期同步运行。当一系因故障停止输出时,另一系自动接替工作,保证现场信号设备控制不发生间断。

(4)电子终端的每一系都接收联锁机二重系的输出,每一系的输入都发送给联锁机的二重系。这种冗余的连接方式保证任何一部分的单系发生故障,系统都能正常运行。既保证故障导向安全性,又具有高可靠性。

三、DS6-K5B 区域计算机联锁系统

区域计算机联锁系统是在车站联锁的基础上,结合网络安全传输等技术发展的网络化、智能化、集成化的新型信号控制系统。可将整个控制区域视为一个车站,使用一套或多套联锁机实现地理位置不同的多个车站的联锁逻辑运算和集中控制。DS6-K5B 区域计算机联锁系统特点如下:

（1）整个控制区域只要在中心站设一套联锁主机,控制操作与联锁逻辑运算集中在中心站完成,其他车站不设联锁机和控制台,只设电子终端。集中联锁逻辑部与各站电子终端间采用光纤构成的安全局域网连接,传输信息高速、安全、可靠,而且不需另设专用传输设备。

（2）在区域联锁的控制范围内,不需要另设站间闭塞或场间联系电路,实现车站区间一体化,进一步提高安全保障性能。

（3）集中控制和调度,全面掌握全线列车运行和车站应用状态,合理指挥行车,保证列车安全、正点运营,并能提高列车通过能力。平时车站不需办理行车作业,从而能够节省人力。

（4）配备设备监视装置,在中心站能自动监测、记录全线内设备的运用情况,能迅速完成故障定位和故障排除。

（5）车站只设电子终端和接口设备,不需要整套联锁装置,并可大量节省室外联系电缆,降低工程总投资。

第四节　EI32-JD 型计算机联锁系统

EI32-JD 型计算机联锁系统属于分布式计算机控制系统,其特点是:分散控制、集中信息管理。

一、系统组成及功能

EI32-JD 型计算机联锁系统组成如图 4-7 所示,各部分功能如下:

1. 操作表示机

操作表示机也称人机对话机,简称上位机。它和联锁机构成上、下位分层结构。操作表示机的主要作用是为车站值班员提供操作显示界面。操作表示机从联锁计算机取得站场当前状态,驱动站场屏幕显示器,采集操作信息传输给联锁计算机,将当前联锁状态信息传输给电务维修机和监测机。

操作表示机为双机热备。设备的倒接无需人工干预,也不对正常行车造成干扰。

操作表示机可支持单元拼装式控制台、数字化仪、鼠标器、显示器等多种操作显示工具。

操作表示机具有功能:(1)办理进路等操作功能;(2)站场及信息显示功能;(3)信息转发功能。

2. 联锁机

联锁计算机简称联锁机,也称下位机,两套共 4 个 CPU 构成二乘二取二容错系统。联锁机接收来自操作表示机传来的操作命令,接收驱动采集机传来的室外信号设备状态,进行联锁运算,向驱动采集机传输室外信号设备动作命令,同时向操作表示机传输表示信息。联锁计算机为安全型系统。

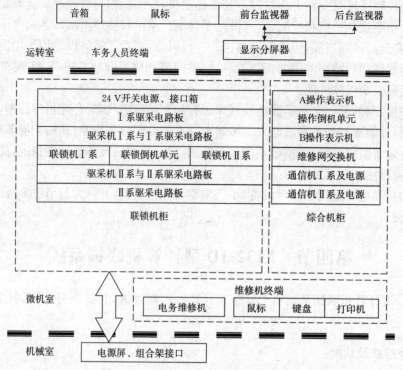

图 4-7 EI32-JD 型计算机联锁系统组成

联锁机具有功能:(1)接收操作表示机下发的操作命令;(2)进行联锁运算;(3)根据运算结果,产生控制命令,并通过 LAN 通信,将控制命令传送到驱采机;(4)通过 LAN 通信,接收驱采机传送的采集站场状态;(5)将站场状态信息、提示信息、故障信息等传送给操作表示机。

3. 驱采机

驱动采集计算机简称为驱采机,为二乘二取二容错结构,其作用为采集室外信号设备的状态,驱动室外信号设备动作。驱采机为安全型系统。

驱采机具备功能:(1)控制采集电路工作。通过 LAN 通信,将采集到的站场状态传送到联锁机;(2)通过 LAN 通信,接收联锁机传送的控制命令,并根据控制命令控制相应驱动电路。

4. 通信机

通信机同为二乘二取二容错结构,其作用为实现联锁系统和 RBC 之间的安全通信,在 EI32-JD 型计算机联锁系统中增加通信机。通信机接收联锁主系的通信信息,通过不同的通信通道和主用 RBC 进行通信。

5. 电务维修机

电务维修终端用于电务维修人员查看电务维修信息,打印相关记录。电务维修终端包括电务维修机、显示器、鼠标、键盘和打印机。电务维修机通过电务维修网与操作表示机相连,具备功能:(1)接收操作表示机传来的站场状态信息、操作信息、提示信息、故障信息等;(2)显示站场运行状况、车站值班员操作信息、故障信息、系统运行状况等;(3)记录一个月的历史信息,可查看一个月内站场运行状况、车站值班员操作信息、故障信息等;(4)为调度监督、DMIS 系统、信号集中监测等提供接口。

6. 采集电路、驱动电路

采集电路在驱采机的控制下,采集组合架继电器状态;驱动电路在驱采机的控制下,驱动组合架继电器动作。

7. 接口配线

组合架继电器与采集、驱动电路间一一对应,即接口信息表规定了某采集电路采集某继电器,某驱动电路驱动某继电器。从组合架室内分线盘到采集电路、驱动电路间通过 32 芯电缆相连。

8. 控制台设备

控制台设备包括站场屏幕显示器、鼠标、数字化仪、语音提示报警音箱及分屏器等。控制台设备为车务人员提供操作表示界面、监视站场运行情况。

9. 其他

EI32-JD 型计算机联锁系统还包括操作表示机倒机单元、联锁通信网中的交换机等设备和部件。

二、系统特点

系统的联锁机采用双系热备的动态冗余结构,两套联锁机互为主备,没有主次之分,为动态无缝切换的双系热备系统。系统运行期间,一套联锁机作为主机运行,另一套则作为备机运行。两套联锁机同时接收操作表示机发送来的控制命令,同时通过 LAN 通信,接收两套采集电路所采集站场状态,并将进行联锁运算,产生相应的控制命令。两套驱动电路则通过 LAN 通信接收联锁机的控制命令,但最终根据主用联锁机的控制命令控制自己的动态驱动电路产生输出,进而控制继电器动作。

本章小结:高速铁路进路由调度中心计算机控制,取消了地面信号,由车载信号控制列车运行,高速铁路还要求车站的信号联锁设备与列控系统、电码化轨道电路等设备有更紧密的结合,实现联锁控制主要经过信息输入(采集)、联锁运算和信息输出(驱动)三个环节。

思考题

1. 简述计算机联锁系统及其功能。
2. 简述计算机联锁系统的工作原理。
3. 简述计算机联锁系统的冗余结构。
4. 简述 DS6-K5B 型计算机联锁系统的功能及结构。
5. 简述 EI32-JD 型计算机联锁系统的结构及功能。

第五章
信号集中监测系统

本章提要:信号集中监测系统是保证行车安全、加强信号设备结合部管理、监测铁路信号设备运用质量的重要行车设备。本章阐述了集中监测系统作用、技术条件和结构,与其他系统接口,监测信息及对象。

第一节　信号集中监测系统概述

高速铁路的主体信号设备均有各自的智能维护终端,子系统分散独立,设备信息分散。需要一个全面的监测信息综合平台,从一个界面上全面掌握信号设备信息。

一、监测系统的作用

监测系统通过采集设备对道岔、轨道、信号机、电源屏等信号设备的状态信息进行采集分析,通过接口对智能设备(如 ZPW-2000A、列控中心等)的状态信息和报警信息进行采集分析,同时利用计算机的高速信息处理能力,实现全站信号设备的维护诊断功能。系统可实现 24 h 不间断地监测信号设备的运行状态和质量特性,在实现设备故障报警的基础上,通过运用系统的专家知识库,实现智能化的设备预警分析和故障诊断分析。

二、检测系统技术条件

(1)监测系统应统一规划,统一实施,与联锁、闭塞、列控、TDCS/CTC、驼峰等系统同步设计、施工、调试、验收及开通。

(2)监测系统是信号设备的综合集中监测平台,其监测范围包括联锁、闭塞、列控、TDCS/CTC、驼峰、电源屏、计轴等信号系统和设备。同时还包括与防灾、环境监测等其他系统接口的监测。

(3)对于计算机联锁、列控中心、TDCS /CTC、智能电源屏、ZPW-2000、有源应答器、计轴等具有自诊断功能的信号设备,其接口方式、信息内容、采集精度、实时性须符合本标准,监测系统通过数据接口获取所需的信息。监测系统预留与 RBC、TSRS 等系统的接口。

(4)应采用成熟可靠的技术手段,实现信号设备运用过程的动态实时监测、数据记录、统计分析。

(5)应能监测信号设备的主要电气特性和转辙设备机械特性,当偏离预定界限或不能正常工作时应及时预警或报警。

(6)应能及时记录监测对象的异常状况,具备预警分析和故障诊断功能。

(7)应能监督、记录信号设备与电力、车务、工务等结合部的有关状态。

(8)须采用良好的隔离措施,不得影响被监测设备的正常工作。

(9)监测系统应具备抗电气化干扰能力,确保在电气化区段能正常工作。

(10)应采用模块化、网络化结构,可分散、集中设置,适应不同站场的要求。

(11)监测系统的采集传感器经过标准计量器具校核后,应保证 1 年内其各项测试精度指标满足本标准的要求。

(12)应具有统一的人机界面,操作简单、易于维护,具备一定的自诊断功能。

(13)应采用统一接口、标准协议,能实现全路互联互通。

(14)系统网络应采用冗余技术、可靠性技术和网络安全技术,确保网络与信息安全。

(15)与其他专业系统信息交换时,应采用可靠的网络安全隔离技术,确保监测系统的网络安全。

(16)系统应具有统一的时钟校核功能,确保系统中各个节点的时钟统一。

(17)基建、大修、更改工程,须同步装备监测系统。

三、集中监测系统构成

(一)集中监测系统体系结构

集中监测系统体系结构包括系统配置的层次结构和数据通信的网络结构。体系结构的划分应符合电、工、机务三部门维护和管理工作的实际需要。监测系统的层次结构为"三级四层"结构。

以信号设备维护为核心,以站、段为基础,实行的三级体系结构中三级为:铁路总公司、铁路局、电务段。四层为:铁路总公司系统层、铁路局/客运专线总公司系统层、电务段/客运专线维护中心系统层(核心)、车站系统层(基础)。其体系结构如图 5-1 所示。

(二)集中监测系统网络结构

系统的网络结构分为车站、综合维修工区对综合维修中心(段)之间通信的基层网和综合维修中心(段)或铁路局对铁路总公司之间通信的上层网,基层网和上层网之间应互联互通,确保新建线路车站监测信息接入既有电务段、铁路局监测系统中。集中监测系统网络结构如图 5-2所示。

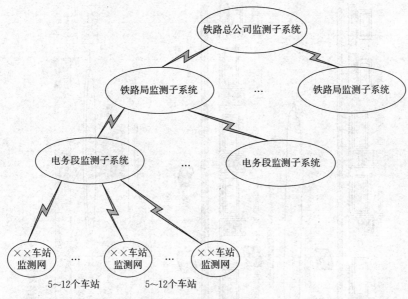

图 5-1 系统体系结构图

监测系统基层网应采用专用的传输通道,传输速率为不低于 2 Mb/s。基层网是由网络通信设备和传输通道构成的环形网络,应采用冗余措施提高网络的可靠性。电务段、铁路局、铁路总公司集中监测子系统路由器、交换机、以太网适配器及网络线等关键网络设备或部件均应采用双套冗余配置。监测系统车站的路由器、交换机、以太网适配器及网络线等网络设备或部件采用单套配置;车站通信机械室至信号机械室应采用光纤通道和光接口设备连接;采用环形通道组网时,基层广域网通道的汇聚节点应分别接入电务段路由器,同一环路中首尾两条通道汇聚节点应分别接入电务段互为冗余的双套路由器,区域汇聚点应考虑双套路由器的负载均衡;各车站局域网之间通道带宽应不低于 2 Mb/s,采用环形组网方式连接,每 5～12 个车站形成一个环路,并以不低于 2 Mb/s 通道抽头方式与电务段星形连接。环内具体车站数量可以结合通信传输系统节点情况确定。

(三)车站监测子系统

车站监测子系统是集中监测系统的基础系统,主要由车站站机、采集机和网络设备三部分组成,如图 5-3 所示。

1. 站机

完成所有采集机原始数据的收集、存储。从其他系统(微机联锁、智能电源屏、智能灯丝监测系统等)接收信息,完成实时监测、故障分析、诊断和人机对话,处理数据(分类形成图表)、存储数据、查看数据、网络传输数据等。

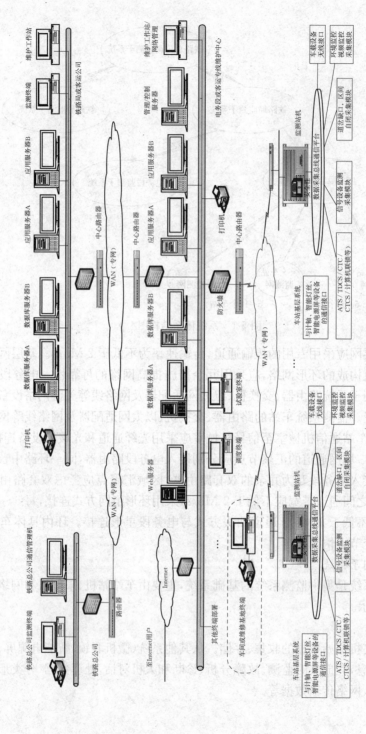

图5-2 集中监测系统网络结构

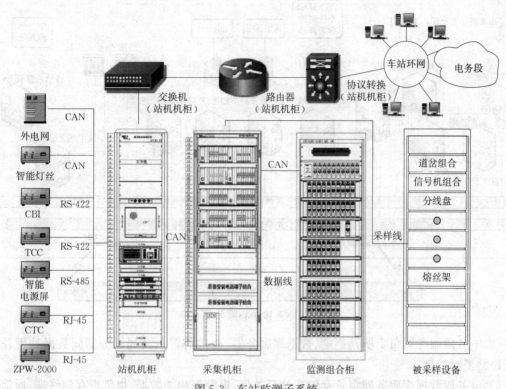

图 5-3　车站监测子系统

2. 采集机

在线采集各种信号设备的质量数据和状态数据,并对采集数据进行预处理的设备,主要指采集板、采集器、采集模块、采集单元等。采集隔离用于采集板与信号设备的分界面,并对直接从信号设备上引入的模拟量信号进行衰耗隔离防护处理。根据车站具体情况,部分车站为组合柜中接口隔离衰耗组合层形式;部分车站为组匣后部隔离衰耗形式。

3. 网络设备

用于连接网络的设备或对引入的 RS-232/485 接口隔离的设备,如交换机、串口隔离器等。

(四)电务段监测中心服务器系统

电务段中心由服务器组、网络设备、安全设备、电源设备及终端工作站组成。电务段子系统经过不低于 2 M 带宽的专用线路与铁路局子系统、监测基层网相连,如图 5-4 所示。

电务段中心服务系统设置多个服务器功能如下:

(1)设置通信服务器,与管内各监测终端及各监测站机建立通信连接,并交换数据。

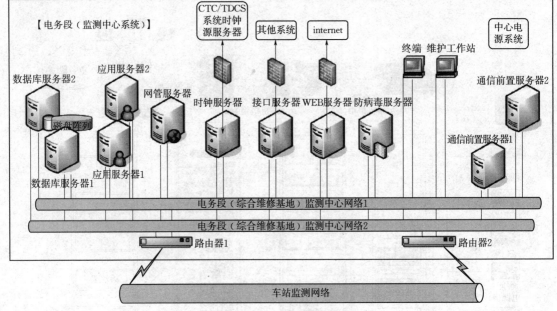

图 5-4　电务段中心服务器系统

（2）电务段服务器负责所辖终端、数据库服务器、通信前置机及局服务器间数据处理及转发及跨站逻辑处理。

（3）电务段数据库服务器负责存储车站开关量、报警等相关数据，也负责存储终端、通信前置机、应用服务器、网管服务器等操作记录。

（4）电务段网管服务器负责管辖范围内所有终端、服务器、通信服务器、采集设备状态。

（5）电务段 WEB 服务器丰富查询手段，提供 WEB 浏览服务功能，主要包括：实时报警及历史报警查询、报警信息处理情况录入、报警信息分析统计，作为全线子系统自动升级服务器。

（6）电务段防病毒服务器负责监测系统所有站机及终端（包括 ZPW-2000 维修终端），统一从防病毒服务器下载并安装杀毒软件，防病毒软件在新建工程实施时统一规划、统一安装，并定时对所辖站机和终端进行病毒包升级。

（7）电务段时钟服务器为所辖电务段管辖范围内的站机和终端、服务器提供标准时钟源，并对所辖各个节点定时校核时间。

（8）电务段接口服务器完成跨系统间连接、跨网络间连接的数据通信转发及处理，同时完成监测系统与其他系统间的数据交互。

（五）铁路局中心层

铁路局中心层由应用服务器、监测终端、维护工作站三大部分组成。铁路局子系统经过不小于 2 M 的专用线路与电务段子系统、相邻铁路局子系统、铁路总公司子系统相连如图 5-5 所示。

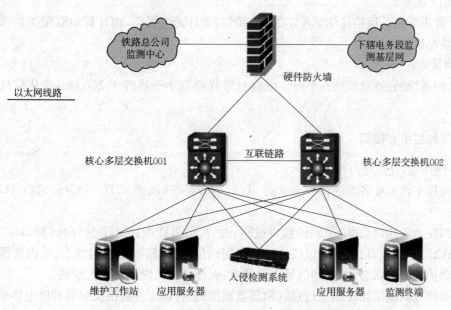

图 5-5　铁路局中心层逻辑连接图

第二节　与其他系统的接口

对于计算机联锁、列控中心、TDCS/CTC、智能电源屏、ZPW-2000、有源应答器、计轴、道岔缺口等具有自诊断功能的信号设备,集中监测系统应通过接口方式从这些系统自带的维护监测功能模块中获取所需的状态信息和报警信息。

一、计算机联锁接口

1. 计算机联锁自监测内容
(1)站场显示信息:站场全部道岔、道岔区段、轨道区段、信号机、闭塞等表示信息。
(2)报警信息:联锁系统通过自身分析和逻辑处理后定位到板卡、模块,以及内部模块工作异常的报警信息,联锁系统与外部设备通信异常的报警信息。
(3)其他表示灯:主、副电源灯、区间监督、接车表示灯、发车表示灯、自律模式、允许转为自控、非常站控。
(4)联锁设备状态:联锁设备(板级)状态、A/B 机状态、联锁与列控通信状态、联锁与TDCS/CTC 通信状态,主备机同步状态。

2. 接口方式

与计算机联锁的通信使用 RS-422/485 接口,硬件光电隔离,由计算机联锁维护台单向发送,监测系统接收。

3. 测试方法

与监测系统的通信(周期≤1 s)。维修机采样周期小于或等于 150 ms,变化信息存储并上发。

二、与列控中心接口

1. 列控中心自监测内容

(1)列控平台设备各类硬件板卡状态、TCC 与各系统(联锁、CTC、TSRS、邻站 TCC)通信接口状态。

(2)列控业务接口信息:①联锁接口进路、改方、信号降级;②CTC/TSRS 接口临时限速;③邻站 TCC 边界、改方;④区间区段:空闲、占用码位;⑤区间线路方向状态、站内区段方向状态、灾害防护继电器状态;⑥区间信号点灯状态:灭灯、红灯、绿灯、黄灯、绿黄。

(3)列控控制输出结果信息,包括:轨道电路编码、有源应答器报文编码和继电器驱动输出(方向驱动、区间点灯驱动)。

(4)列控维护报警信息,包括:硬件平台各板卡故障报警、A/B 机工作异常报警、A/B 机主备状态及同步状态、与联锁接口报警,与 TDCS/CTC 接口报警,与邻站列控中心接口报警、与 ZPW-2000 接口报警、与 LEU 接口报警、LEU 应答器异常报警。

2. 接口方式

与独立的列控中心维修机之间通过 RJ-45 方式接口,列控中心维修机侧增加隔离措施及防病毒措施。

3. 测试方法

与监测系统的通信(周期≤1 s),采样周期小于或等于 500 ms,变化信息存储并上发。

三、与 ZPW-2000 系列轨道电路接口

1. ZPW-2000 系列轨道电路自监测内容

(1)设备状态

①客专通信编码 ZPW-2000 区段主备 CI-TC 轨道电路通信盘接口通信状态和设备工作状态。

②客专通信编码 ZPW-2000 区段主备发送器设备接口通信状态和设备通信状态。

③客专通信编码 ZPW-2000 区段接收器设备接口通信状态和设备通信状态。

④既有继电编码 ZPW-2000 区段设备状态 FS24、FBJ、JS24、JBJ、ZFJ、FFJ。

（2）区段占用状态

主轨道状态和小轨道状态。

（3）客专通信编码 ZPW-2000 区段接收 TCC 编码控制命令

主轨道载频编码、小轨道载频编码、主轨道低频编码和小轨道低频编码。

（4）维护报警信息

通信盘与轨道电路监测维护终端通信中断、设备通信接口状态和工作状态异常报警、小轨道报警、轨道区段报警信息。

（5）模拟量信息

①区间移频发送器发送电压、电流、载频、低频。

②送端电缆模拟网络电缆侧电压、电流、载频、低频。

③受端电缆模拟网络电缆侧主轨道电压、载频、低频，以及小轨道电压、载频、低频。

④受端电缆模拟网络设备侧（轨入）主轨道电压、载频、低频，以及小轨道电压、载频、低频。

⑤接收入口（轨出）主轨道电压、载频、低频，以及小轨道电压、载频、低频。

⑥道床电阻（无砟轨道区段监测系统暂不显示、有砟轨道区段监测系统显示）。

2. 接口方式

监测系统站机与 ZPW-2000 维修终端之间通过 RJ-45 方式接口，其 IP 地址由监测系统统一分配。ZPW-2000 维修终端侧应增加隔离措施及防病毒措施，确保运行稳定。防病毒软件在新建工程实施时与监测系统统一规划、统一实施、统一升级。

3. 测试方法

与监测系统的通信（周期≤1 s），采样周期小于或等于 250 ms，变化信息存储并上发。

四、与 TDCS/CTC 接口

1. 监测内容

（1）设备状态

A/B 机标志、与联锁通信状态、与列控通信状态、自身设备状态。

（2）接口报警

A/B 机工作异常报警、与联锁 A 机通信中断报警、与联锁 B 机通信中断报警、与列控 A 机通信中断报警、与列控 B 机通信中断报警、无线调度命令转接器通信中断，自身板卡故障报警。

2. 接口方式

RS-422 接口，硬件光电隔离。

3. 测试方法

与监测系统的通信（周期≤1 s），维修机开关量采样周期小于或等于 150 ms，变化信息存储并上发。

五、智能电源屏接口

1. 监测内容

（1）智能电源屏

智能电源屏模块状态信息：交流接触器闭合、断开状态，模块工作/备用状态；模块通信正常/中断状态；模块工作/保护状态；模块正常/故障状态。

（2）模拟量监测内容

各电源屏输入电压、电流；各种电源屏每路输出电压、电流、25 Hz 电源输出电压频率相位角。

2. 智能电源屏报警信息

交流输入停电、系统输入停电、电源输出支路断电、系统输出空开故障。

3. 接口方式

由智能屏采集后通过统一的 RS-485 接口传送给监测系统。硬件光电隔离。

4. 测试方法

智能电源屏维护机每秒发送全体模拟量和开关量的最新信息；变化测。

六、灯丝报警接口

1. 监测内容

列车信号主灯丝断丝状态并报警，定位到每架信号机的每个灯位。

2. 接口方式

CAN 接口；硬件光电隔离。

3. 测试方法

与监测系统的通信（周期≤1 s），变化信息存储并上发。

第三节　监测信息及对象

信号集中监测主要有五种监测信息，分别是：电压（频率、相角）；电流（与电压换算功率）；开关量状态（站场显示，关键继电器状态）；报警信息（接口报警，程序判断报警）；协议数据。主要来自以下六种监测对象。

一、道岔监测

1. 直流转辙机

信号集中监测系统用道岔直流采集模块来采集道岔的模拟量和开关量。每个直流道岔电流采集模块有 3 个霍尔元件(电流互感器),可采集 3 组道岔的动作电流,1DQJ 状态和 DBJ、FBJ 状态。

由 1DQJ 吸起到落下的时间作为横轴,道岔模块采集到的电流大小为纵轴,可绘制出直流道岔转动过程中的电流曲线。在无故障情况下,可根据曲线变化情况分析道岔性能,预防故障;在道岔故障情况下,曲线可作为故障点判断的重要依据。

2. 交流转辙机

三相交流转辙机用电流/功率采样模块监测转辙机动作电压、动作电流和动作功率。用开关量采集模块监测 1DQJ、FBJ、DBJ 继电器的开关量状态。

转辙机动作功率监测采用电流功率传感器,采集电机动作时的电压值和电流值,计算出功率值,然后将电流及功率信息转换为 4～20 mA 电流信号输出,经采集板 150R 取样电阻后转换成 0～3 V 处理上送。动作曲线以 1DQJ 的动作时间为准,单条曲线最长可采集 40 s。

3. 道岔表示电压监测

道岔表示电压属于安全等级第一级的采样项目,通过对表示电压的监测判断表示继电器、二极管的性能。每个采集器采集两组交流转辙机道岔表示电压。采集器以采集组合的形式安装于组合柜中,每个采集组合由电源、组合和 10 个道岔表示电压采集器组成。

二、轨道监测

集中监测系统通过实时监测轨道接受端电压值的变化,反映轨道电路调整状态和分路状态的工作情况。通过对轨道曲线的分析,帮助分析、查找故障。集中监测系统采用轨道采集单元对轨道信息采集。

1. 25 Hz 相敏轨道电路

一个 25 Hz 相敏轨道采集单元共有 8 路输入,可采集 1 路局部电压和 7 路轨道电压,以及 7 个 GJ 状态开关量。

2. 高压脉冲轨道

一个高压脉冲轨道采集单元共 4 路输入,可采集一组高压脉冲轨道的译码器输入、波头、波尾 3 组电压和一个 GJ 开关量状态。使用 CAN 总线输出。

三、信号机电流监测

集中监测系统采用电流互感器测试点灯回路电流的方案,将 DJ 的点灯去线穿过电流互感器,在传感器输出两端产生感应电压,采集单元通过测试感应电压得出回路中的电流值。

四、外电网电源监测

高速铁路环境下的信号系统均使用智能电源屏,电源屏输入及输出数据由电源屏自带监测系统,进行监测,并将结果通过接口传给集中监测系统。外电网电源由集中监测系统通过外电网质量综合测试仪进行采样监测。

五、移频监测

1. 移频发送监测

常用的移频发送采集单元为 4 合 1 单元,即每个单元可采集 4 路移频发送电压。电流采集需将移频发送盒输出至防雷网络的一根负载线取出,经电流传感器穿芯后再接回原防雷网络。

2. 移频接收监测

移频接收采集单元根据不同的移频制式配置不同的采集单元,如 ZP89 等移频接收,只有一个接收电压,使用一个模块采集。而 ZPW-2000 一组移频接收需采集轨入、轨出 1、轨出 2 共 3 个电压。

六、绝缘漏流监测

信号集中监测系统监测信号电缆回线全程对地绝缘及电源屏隔离输出的电源电缆对地漏泄电流。电缆绝缘测试采集点在室内、外分线盘端子上。

本章小结:信号集中监测系统融传感器、现场总线、计算机网络通信、数据库及软件工程为一体,监测并记录信号设备的主要运行状态。系统采用"三级四层"的层次结构,通过接口从其他系统获取所需状态信息和报警信息,五种监测信息来自六种监测对象。

 思考题

1. 简述集中监测系统的"三级四层"结构。
2. 简述电务段中心服务器的组成及功能。
3. 简述直流道岔监测和交流道岔监测的异同点。
4. 简述集中监测与其他系统的接口。
5. 简述系统的监测对象及内容。

第六章
高速铁路信号系统集成

本章提要:《铁路主要技术政策》(原铁道部第[34]号令)中对高速铁路的定义为:"新建设计开行250 km/h(含预留)及以上动车组列车,初期运营速度不小于 200 km/h 的客运专线铁路。高速铁路列车追踪间隔时间最小按 3 min 设计,轴重不大于 17 t,编组不大于 16 辆。"由于动车组列车上线运行的既有提速铁路(目前我国铁路为满足运输需求,部分铁路设计能满足普速车上线条件),均采用了系统集成,为全面介绍目前国内的信号系统集成,故本章也介绍了既有线扩能提速铁路的信号系统集成。本章阐述了信号系统集成的概念、技术原则、流程及分类;既有线提速、时速 200～250 km,时速 300～350 km 信号系统集成;北京至天津城际铁路信号系统集成。

第一节 高速铁路信号系统集成概述

目前我国线路允许速度在 200 km/h 及以上的客运专线的信号系统均采用系统集成的方式。所谓系统集成是指在系统研究项目初步设计文件及相关部门的批复意见基础上,通过详细地现场调查,对各子系统的主要设备间接口的深入研究、关键设备的特定应用分析后,编写出的系统集成实施方案,然后根据集成实施方案完成各子系统主要设备技术规格书设计、子系统软硬件设计、施工组织设计、施工工艺标准设计、施工安装、系统试验、联调联试、安全评估、运行试验等工程,从而实现总体设计目标的系统过程。高速铁路的信号集成系统规模大,涉及子系统多,子系统关联度高,项目相关人员多;整个系统集成涉及多个子系统供应商、设计单位、施工单位、监理单位、铁路总公司相关部门、业主单位、站房施工项目部、运输组织方及其下属单位等繁多的对象。

一、信号系统集成的技术原则

1. 铁路工程建设的基本原则——基于在国内或国际已有的成熟应用的技术进行系统集成

由于工程建设的不可逆的特性,系统集成必须采用"先进、成熟、经济、适用、可靠"的技术。

集成方案要经过设计、运营、施工等各方充分论证并有一定的实践基础。目前我国重要干线上采用的硬件安全冗余型计算机联锁，就是基于国外已有成熟运营经验的联锁系统（硬件设备和系统软件），并结合我国计算机联锁系统中成熟的应用软件进行集成后形成的。既保持了国外联锁设备的安全性和可靠性，又满足了国内运用、维护的要求。由此可见，基于成熟技术、设备进行系统集成创新是系统集成能够成功的基本条件。

2. 依据系统确定的目标进行系统集成

系统集成就是基于已经成熟运用的技术或成果，充分发挥各子系统的设备特性，对通用的设计文件进行优化的一种手段。系统集成就是要根据系统确定的已定目标进行集成、优化、创新，解决工程建设中所面临的问题。

既有线 CTCS-2 级列控系统集成就是基于我国已成熟运用的四显示自动闭塞系统、欧洲成熟的应答器技术及欧洲列车控制系统（ETCS-1）技术思路，结合中国铁路实际的运用要求而进行的集成创新。

当前进行的高速铁路的信号系统集成，目标就是要解决动车组在高速运行条件下的安全控制问题，并要解决兼容我国既有的信号设备制式，满足路网间跨线使用的要求。能否实现目标，是信号系统集成能否成功的关键。

3. 应在已确定的投资控制范围内进行系统集成

根据国家建设程序规定，工程项目在建设、施工期间的总投资必须严格控制在初步设计批复的总投资范围内，所以作为优化初步设计的重要手段——系统集成，更应将集成方案实施所需的总投资严格控制在初步设计批复的总投资额内作为系统集成的主要内容。选择合理的工程建设标准，通过系统集成来优化子系统的设备配置方案，才能实现系统集成确定的方案和投资控制目标。

二、高速铁路信号系统集成流程

集成方案是技术规格书的编制依据、是施工图设计的依据、是设备生产制造的依据、是施工技术管理的依据、是集成试验的依据、是联调联试的依据。通过集成方案的编制，可以进一步明确过程内容、集成范围、技术标准。

高速铁路信号系统集成流程如图 6-1 所示。

三、国内开通及在建铁路系统集成分类

我国采用系统集成的铁路按照速度等级可以分为：既有线扩能提速铁路（时速 200 km）；时速 200~250 km 的高速铁路；时速 300~350 km 的高速铁路。时速在 250 km 以下的高速铁路一般采用 CTCS-2 级列控系统，时速在 250 km 以上的高速铁路应采用 CTCS-3 级列控系统。最早开通运营的京津城际铁路采用了 CTCS-3D 列控系统，与我国普遍采用的 CTCS-3 级列控系统有较大差异。

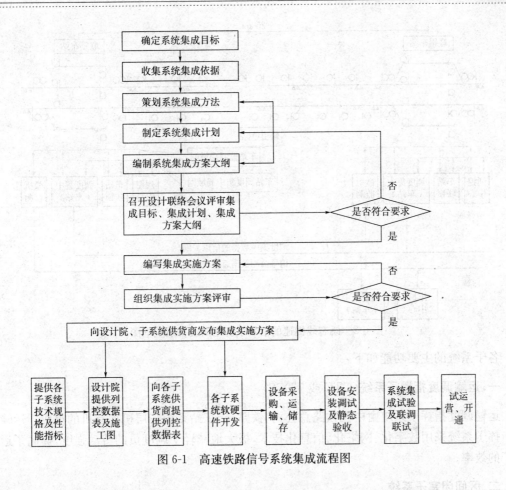

图 6-1　高速铁路信号系统集成流程图

第二节　既有线提速的信号系统集成

　　既有线提速信号系统集成主要是针对既有线特点,在维持既有的行车布点不便的原则下,配置 CTCS-2 级列控系统所需要的相关设备,如:车站列控中心、地面电子单元(LEU)、应答器等,相应配套修改信号系统的车站联锁、车站行车指挥分机、集中监测分级等设备的软硬件等,不设置临时限速服务器(TSRS)。

　　既有线提速信号系统主要包含:运输调度指挥子系统(CTC 或 TDCS)、区间闭塞、CTCS-2 级列控子系统(含车站列控中心、LEU、应答器等,不含 TSRS)、车站联锁子系统及信号集中监测子系统。

　　既有线提速的信号系统地面设备系统框图如图 6-2 所示。

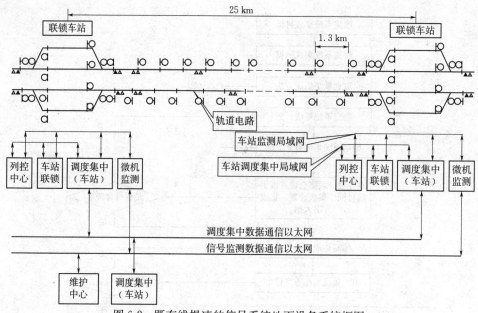

图 6-2　既有线提速的信号系统地面设备系统框图

各子系统的主要功能如下：

一、运输调度指挥子系统(CTC 或 TDCS)

运输调度指挥子系统由中国铁路总公司、铁路局、车站系统三层机构有机的组成。运输调度指挥子系统采用数字化、网络化、信息化技术，极大地减轻了调度员的劳动强度，提高了运输生产的效率。

二、区间闭塞子系统

目前国内既有线铁路的区间闭塞子系统普遍采用基于 ZPW-2000 系列移频轨道电路的自动闭塞，是国内铁路上保障列车行车安全的主要方法。

三、CTCS-2 级列控子系统

CTCS-2 级列控子系统由地面设备和车载设备组成。

1. 地面设备

主要包含：车站列控中心、地面电子单元(LEU)、应答器等设备。

车站列控中心是基于安全计算机的控制系统，它根据地面子系统或来自外部地面系统的信息，如轨道占用信息、联锁状态等，产生列车行车许可命令，并通过车—地信息传输系统传输给车载子系统，保证车站列控中心管辖内列车的运行安全。

地面电子单元(LEU)是"故障—安全"型设备,为信号系统与应答器之间提供接口,接收外部发送的应答器报文并连续向应答器转发。

应答器是一种能向车载子系统发送报文信息的传输设备。在既有线提速的 CTCS-2 级系统中,铁路线路上每隔 3～5 km 安装一组点式应答器,配合车站列控中心设备共同组成了 CTCS-2 级列控系统的地面设备。

2. 车载设备

车载设备是确保列车运行安全的关键设备,它与地面设备相配合,完成速度或距离信号的接收和解译,实现超速防护、制动保证,零速检测、车门控制、后退防护等功能。其主要由车载主机和车载外围设备组成,并通过车载设备外部接口与动车组、动态监测设备等外部设备连接,如图 6-3 所示。

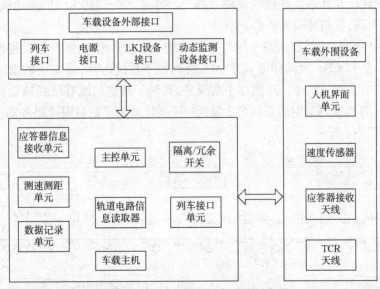

图 6-3　CTCS-2 车载设备系统示意图

车载主机主要包含主控单元、测速测距单元、应答器信息接收单元(BTM)、轨道电路信息读取器(TCR)、数据记录单元、隔离开关、人机界面单元(DMI)、应答器信息接收天线、TCR 天线、速度传感器等。

车载设备外部接口包括:列车接口、电源接口、与 LKJ 接口、动态监测设备接口等。

四、车站联锁子系统

计算机联锁子系统负责处理车站进路内的道岔、信号机、轨道电路之间安全联锁关系,接受操作员或调度员进路操作命令,向其他列控子系统输出联锁信息。

五、信号集中监测子系统

铁路信号集中监测子系统采用成熟可靠的技术手段,实现信号设备运用过程的动态实时监测、数据记录、统计分析;是信号设备的综合集中监测平台,其监测范围包括:联锁、闭塞、列控、TDCS/CTC、驼峰、电源屏、计轴等信号子系统和设备,同时还包括与防灾、环境监测等其他系统接口的监测。

第三节　时速 200～250 km 高速铁路的信号系统集成

目前我国新建已经开通及在建的铁路大部分为时速 200～250 km 的高速铁路,主要有甬温、温福、厦深、大西、兰新等高速铁路。

时速 200～250 km 的高速铁路采用 CTCS-2 级列控系统,信号系统主要包含运输调度指挥子系统(CTC 或 TDCS)、区间闭塞、CTCS-2 级列控子系统(含信号安全数据网)、车站联锁子系统及信号集中监测子系统。除列控子系统外,其他子系统与既有线提速铁路均一样。时速 200～250 km 高速铁路采用的 CTCS-2 级列控子系统增加了临时限速服务器 TSRS 和信号安全数据网,如图 6-4 所示。

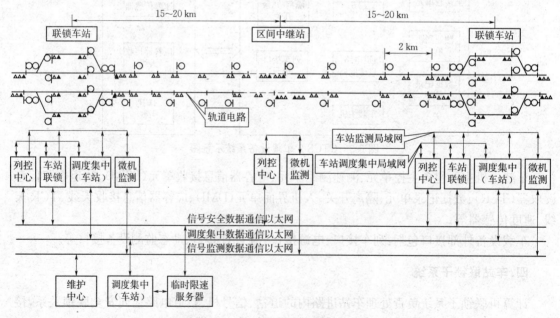

图 6-4　时速 200～250 km 高速铁路的信号系统结构示意图

1. 临时限速服务器(TSRS)

临时限速服务器(TSRS)负责提供临时限速命令的存储、校验、拆分、删除、下达、取消等逻辑执行功能,并管理临时限速命令的执行历史记录。CTC 系统负责提供临时限速命令的拟定、设置/取消、存储显示、TSRS 限速状态初始化、TSRS 提示信息显示、TSRS 报警信息显示等功能。

2. 信号安全数据网

信号安全数据网基于专用光纤(封闭系统),确保车站、中继站(无岔站)及其与中心信号设备(如 RBC、TSRS)间的安全信息可靠传输。

第四节 时速 300～350 km 高速铁路的信号系统集成

目前我国新建已经开通及在建的铁路大部分为时速 250～350 km 高速铁路,主要有:沪昆高速(分沪杭、杭长、长昆)、京广高速(分京石武、武广、广深港)、京沪高速、沪宁高速、徐兰高速(分西宝、宝兰、郑西、郑徐)。

时速 250～350 km 高速铁路信号系统主要包含:运输调度指挥子系统(CTC 或 TDCS)、区间闭塞、CTCS-3 级列控子系统(含 TSRS 及 RBC)、车站联锁子系统及信号集中监测子系统。时速 250～350 km 高速铁路采用 CTCS-3 级列控子系统,其他子系统与时速 200～250 km高速铁路一致,其系统结构如图 6-5 所示。

CTCS-3 级列控子系统地面设备增加了无线闭塞中心(RBC),车载设备增加了无线传输单元和 GSM-R 天线。

1. 无线闭塞中心(RBC)地面设备

无线闭塞中心(RBC)是 CTCS-3 级列控系统地面的核心设备,负责根据车站联锁、临时限速服务器、列控中心等地面设备及车载设备提供的信息,生成列车移动授权等控制信息,并通过无线通信方式发送给车载设备,控制列车的安全追踪运行。

2.CTCS-3 级列控车载设备

CTCS-3 列控车载设备采用独立单元模块化结构,设置两个独立的核心处理单元,分别负责 CTCS-3 级列控系统、CTCS-2 级列控系统功能的处理。CTCS-3 级列控车载设备系统结构如图 6-6所示。

当 CTCS-3 操控时,列车将与 RBC 通信,并读取应答器的数据,轨道电路编码将被忽略。如果列车在应答器里发现 CTCS-2 级列控的数据,CTCS-3 级列控系统将仅忽略 CTCS-2 信息,即使车载设备没有收到要转换至 CTCS-2 的预告信息,列车仍将存储 CTCS-2 信息,以备人工转换或自动转换后使用。

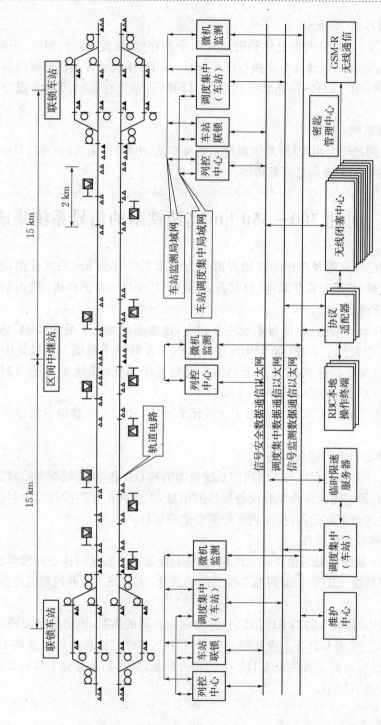

图6-5 时速200～250 km高速铁路的信号系统结构示意图

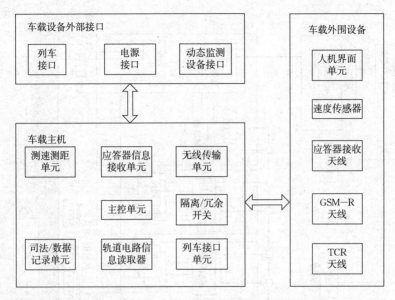

图 6-6　CTCS-3 级列控车载设备系统结构示意图

当列车按照 CTCS-2 级列控操控时,列车将采集轨道编码数据,并读取应答器。如果与 RBC 的通信对话开放,列车不会让 RBC 发出的指令影响速度监控。如果列车在应答器中发现 CTCS-3 级列控系统的信息,列车将忽略该信息。如果预告转换至 CTCS-3 级列控系统,列车将存储 CTCS-3 级列控系统的信息,以备转换后使用。

无线传输单元是车载设备通过 GSM-R 网络与地面 RBC 进行消息双向传输的接口与通信控制单元,应具有消息加密—解密功能。无线传输单元通过专用模块控制移动终端 (MT)。

GSM-R 天线用于车载设备与地面 RBC 之间通过 GSM-R 网络进行消息双向传输,安装在列车顶部。

第五节　京津城际铁路信号系统集成

京津城际铁路信号系统主要包含:运输调度指挥子系统(CTC 或 TDCS)、区间闭塞、列控子系统(含 TSRS,不含 RBC)、车站联锁子系统及信号集中监测子系统。其中,列控子系统采用独特的 CTCS-3D 级列控系统,其他子系统与时速 250~350 km 的高速铁路一致。京津城际铁路信号系统结构如图 6-7 所示。

CTCS-3D 级列控系统是基于轨道电路实现列车占用及空闲检查,由应答器和轨道电路传

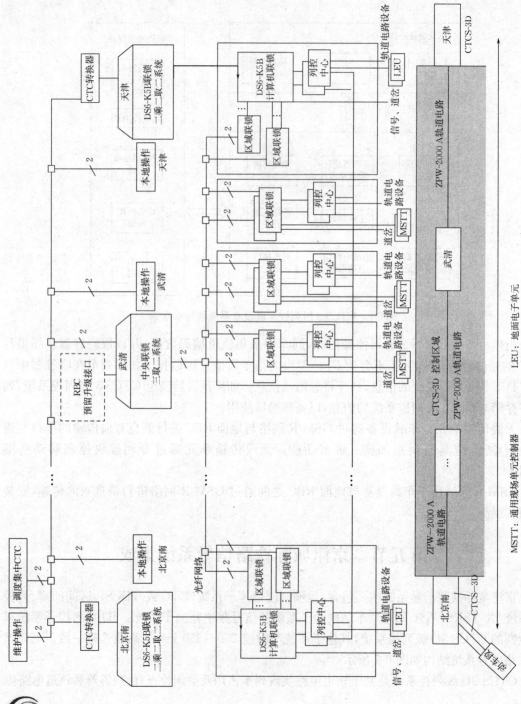

MSTT：通用现场单元控制器　　LEU：地面电子单元

图6-7　京津城际铁路信号系统结构图

输列车行车许可,并采用目标—距离连续速度模式监控列车安全运行的列车运行控制系统。CTCS-3D级列控系统地面应答器设备集成了CTCS-3D级和CTCS-2级列控系统的报文数据,成功解决了既有线动车组跨线运行问题。CTCS-3D级列控系统兼容CTCS-2级,当装备CTCS-2级车载ATP设备的动车组上线运行时,仍按照CTCS-2级方式运行。

CTCS-3D级列控系统分地面设备和车载设备两部分。车载设备在ETCS-1级原型车载单元的基础上,安装了轨道电路读取器,构成CTCS-3D车载系统,克服了点式系统的不足。列控系统的地面设备由SIMIS-W列控联锁设备、现场控制单元MSTT、列控中心(TCC)、ZPW-2000系列轨道电路、应答器(含LEU)等设备及信号安全数据网组成。主要设计原则如下:

(1)全线配备ZPW-2000A轨道电路,适应京津无砟轨道,实现列车占用检查、提供连续的码序信息,解决ETCS-1级列控系统点式信息不连续的问题。

(2)区间不设置地面通过信号机,在各闭塞分区入口设置现场控制单元MSTT、带灯停车牌、应答器组,为CTCS-3D车载设备提供行车许可。

(3)300~350 km/h动车组配备CTCS-3D列控车载设备(含轨道电路读取器TCR),按CTCS-3D级列控模式行车,具有待机、完全监控、调车、引导、目视行车、机车信号和隔离等7种控制模式。当遇到信号紧急关闭或前方出现落物时,轨道电路信息码序突变,TCR产生注入信息,由车载计算机控制列车实施最大常用制动,保证时速350 km高速动车组的行车安全。

(4)集成ETCS和CTCS报文,满足200~250 km/h动车组跨线运行,车载设备仍具有待机、完全监控、部分监控、调车和目视行车、隔离等6种控制模式不变。

(5)北京南站和天津站城际场采用DS6-K5B型计算机联锁系统,正线区间各站采用德国西门子(SIMIS-W型)车站区间一体化的区域计算机联锁子系统。

本章小结:既有线扩能提速铁路与时速200~250 km的高速铁路均采用CTCS-2级列控系统,其主要差异在临时限速的传递,既有线扩能提速铁路不设置信号安全数据网和临时限速服务器,临时限速传递仍然维持既有普速线路的标准即通过TDCS/CTC系统传递至车站分机,再经由车站TCC、LEU、有源应答器传递至动车组车载设备。

时速250~350 km的高速铁路采用CTCS-3级列控系统。CTCS-3级列控系统与CTCS-2级列控系统的主要差异是基于GSM-R无线通信实现车—地信息双向传输,无线闭塞中心(RBC)生成行车许可,轨道电路实现列车占用检查,应答器实现列车定位,并兼容CTCS-2级列控系统。地面设备增加无线闭塞中心(RBC)、GSM-R无线通信网络,车载设备增加GSM-R无线通信单元及天线。车载设备根据RBC的行车许可,生成连续速度控制模式曲线,监控列车安全运行。

京津城际铁路采用独有的CTCS-3D级列控系统,不设置无线闭塞中心(RBC)。

思考题

1. 简述高速铁路信号系统集成的技术原则及流程。
2. 简述既有线提速铁路的信号系统集成。
3. 简述时速 200～250 km 高速铁路的信号系统集成。
4. 简述时速 300～350 km 高速铁路的信号系统集成。
5. 简述北京至天津城际铁路信号系统集成。

第七章

传输系统

本章提要：本章系统阐述高速铁路通信常用的 SDH 传输技术、MSTP 传输技术、WDM 传输技术及 OTN 传输技术等。着重介绍了 SDH 传输技术的基本概念、速率、帧结构、复用过程、网元、网络结构及保护。

第一节　传输系统概述

一、传输的基本概念

传输即信息的传递。传输系统即完成各种设备间(包括终端设备与交换设备之间，以及交换设备与交换设备之间)信息传递任务的系统。

高速铁路传输系统负责为高速铁路线路各车站、停车场、综合车间和工区、GSM-R 基站、信号线路所和中继站、牵引供电和电力供电等业务节点提供传输接入条件，为通信系统各子系统(GSM-R、调度通信、数据网、综合视频监控、电话交换等)及信号、牵引及供电、客服系统、防灾安全监控等系统的业务提供传输通道。高速铁路传输系统是保障上述各部分能正常工作的重要保障之一。

高速铁路传输系统承载的业务主要是铁路运输生产中的语音、数据和图像信息。信息节点分布在铁路沿线车站、生产机构(段、所)、各铁路局(调度所)和铁路总公司。

二、高速铁路常用的传输技术

高速铁路传输系统采用的主要技术有 SDH(同步数字体系)、MSTP(基于 SDH 的多业务传送平台)、WDM(波分复用技术)、OTN(光传送网)等。

1. SDH 传输技术

SDH 即同步数字体系，该体系基于光纤传输，是一套可进行信息传输、复用、分插和交叉连接的标准化数字信号结构等级。

2. MSTP 传输技术

MSTP 即基于 SDH 的多业务传送平台。主流 SDH 设备均可提供多业务传输平台功能，MSTP 多业务传送系统是在 SDH 的基础上增加子速率的虚级联功能，具备 $n \times 2$ Mb/s 的多种速率接口，支持 n 个 STM-1 速率进行虚级联，同时还支持多种协议。

MSTP 扩展了 SDH 传输设备的业务端口，除传统的低速数据接口外，还提供 10 Mb/s、100 Mb/s 接口，支持二层的以太网交换和 10/100 Mb/s 及 GE（千兆以太网）的透明传输，具有基于二层交换的 VLAN（虚拟局域网）交换及汇聚功能，可替代部分数据网络设备。

3. WDM 传输技术

WDM 即光波分复用技术，是在一根光纤中同时传送多个波长的光载波信号，而每路光载波信号又可以通过 FDM（频分多路复用）或 TDM（时分多路复用）方式，各自承载多路模拟或多路数字信号。其基本原理是在发送端将不同波长的光信号组合起来（复用），并耦合到光缆线路上的同一根光纤中，进行传输，在接收端又将这些组合在一起的不同波长的信号分开（解复用），并做进一步处理，恢复出原信号后，送入不同的终端。

4. OTN 传输技术

OTN 即光传送网技术，是在目前全光组网的一些关键技术（如光缓存、光定时再生、光数字性能监视、波长变换等）不成熟的背景下，基于现有光电技术折中提出的传送网组网技术。OTN 在子网内部通过 ROADM（可重构光分插复用器）进行全光处理，而在子网边界通过电交叉矩阵进行光电混合处理，但目标依然是全光组网，现在的 OTN 阶段是全光网络的过渡阶段。

第二节　SDH 传输技术

一、SDH 的基本概念

SDH（Synchronous Digital Hierarchy，同步数字体系），是一种将复接、线路传输及交换功能融为一体，并由统一网管系统操作的综合信息传送网络，是美国贝尔通信技术研究所提出来的同步光网络（SONET）。国际电报电话咨询委员会（CCITT）（现 ITU-T）于 1988 年接受了 SONET 概念，并重新命名为 SDH。

根据 ITU-T 的定义：SDH 是不同速度的数位信号的传输提供相应等级的信息结构，包括复用方法和映射方法，以及相关的同步方法组成的一个技术体制。

SDH 不仅适用于光纤，也适用于微波和卫星传输的通用技术体制。可实现网络有效管理、实时业务监控、动态网络维护、不同厂商设备间的互通等多项功能，可提高网络资源利用率、降低管理及维护费用,实现灵活可靠和高效的网络运行与维护,是当今世界信息领域在传输技术方面发展和应用的热点。

二、SDH 的速率与帧结构

1. SDH 的速率

SDH 采用世界统一的标准化信息结构等级 STM-N($N=1,4,16,64$)。各等级的传输速率如下:

(1)STM-1:155.520 Mb/s。

(2)STM-4:622.080 Mb/s。

(3)STM-16:2 488.320 Mb/s。

(4)STM-64:9 953.280 Mb/s。

2. SDH 的帧结构

SDH 的帧结构是一种以字节为基本单元的矩形块状结构,由 9 行、270×N 列字节组成,帧周期为 125 μs,其结构如图 7-1 所示。

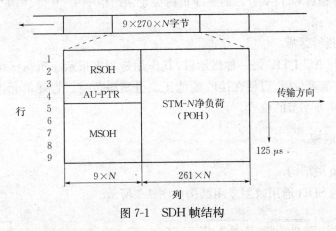

图 7-1 SDH 帧结构

3. 段开销(SOH)区域

段开销是指 SDH 帧结构中为了保证信息净负荷正常、灵活,并有效地传送所必须附加的字节,主要用于网络的 OAM(操作、维护、管理)功能。

(1)再生段、复用段和通道的位置

段开销分为 RSOH(再生段开销)和 MSOH(复用段开销)。RSOH 位于帧结构中的 1～3 行和 1～9 行×N 列字节的位置;MSOH 位于帧结构中的 5～9 行和 1～9 行×N 列字节的位置。

再生段、复用段和通道的基本位置如图 7-2 所示。

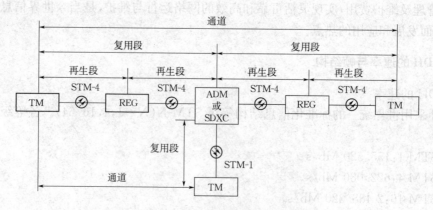

图 7-2 再生段、复用段和通道的基本位置

（2）信息净负荷（Payload）区域

信息净负荷区域主要用于存放各种业务信息比特，也存放了少量可用于通道性能监视、管理和控制的通道开销（POH）字节。信息净负荷位于帧结构中 1～9 行、$(10 \sim 270) \times N$ 列字节的位置。

（3）管理单元指针区域

管理单元指针（AU-PTR）是一种指示符，其作用是用来指示净负荷区域内的信息首字节在 STM-N 帧内的准确位置，以便在接收端能正确分离净负荷。管理单元指针位于帧结构中第 4 行的 $1 \sim 9 \times N$ 列字节的位置。

三、SDH 复用原理

1. SDH 映射复用结构

ITU-T 建议的 SDH 通用映射复用结构如图 7-3 所示。

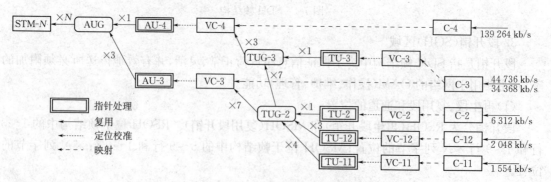

图 7-3 SDH 通用映射复用结构

图中 C 表示容器;VC 表示虚容器;TU 表示支路单元;TU-G 表示支路单元组;AU 表示管理单元;AUG 表示管理单元组。

我国采用的 SDH 映射复用结构如图 7-4 所示,该结构中每种速率的信号只有唯一的复用路线到达 STM-N。

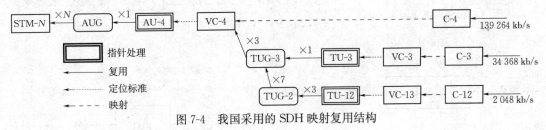

图 7-4 我国采用的 SDH 映射复用结构

2. SDH 映射复用过程

各种信号映射复用进 STM-N 帧的过程都要经过映射、定位和复用 3 个步骤。

(1)映射

映射即装入,是一种在 SDH 网络边界处,把支路信号适配装入相应虚容器的过程。

(2)定位

定位是把 VC-n 放进 TU-n 或 AU-n 中,同时将其与帧参考点的偏差也作为信息结合进去的过程。

(3)复用

复用是一种将多个低阶通道层的信号适配进高阶通道,或把多个高阶通道层信号适配进复用段层的过程,即指将多个低速信号复用成一个高速信号。

四、SDH 网元

SDH 传输网由各种网元构成,网元的基本类型有终端复用器(TM)、分插复用器(ADM)、同步数字交叉连接设备(SDXC)和再生中继器(REG)等,如图 7-5 所示。

1. 终端复用器(TM)

TM 的主要功能是将支路端口的低速信号复用到线路端口的高速信号 STM-N 中,或从 STM-N 信号中分出低速支路信号。

2. 分插复用器(ADM)

(1)主要功能

ADM 的主要功能是将低速支路信号交叉复用进东或西向线路的 STM-N 信号中去,或从东或西向线路的 STM-N 信号中拆分出低速支路信号;还可将东/西向线路侧的 STM-N 信号进行交叉连接,如将东向 STM-16 中的 3 ♯ STM-1 与西向 STM-16 中的 15 ♯ STM-1 相连接。

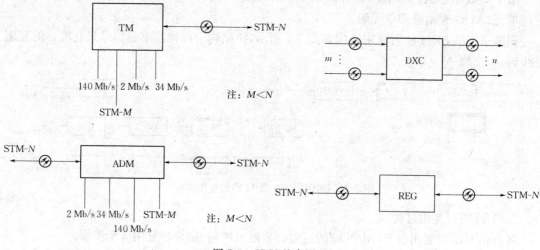

图 7-5　SDH 基本网元

（2）交叉连接能力

ADM 设备具有支路—线路（上/下支路信号）和线路—线路（直通）的交叉连接能力。

支路—线路又可分为部分连接和全连接，两者的区别在于上/下支路仅能取自 STM-N 内指定的某一个（或几个）STM-1，还是从 STM-N 的所有 STM-1，实现任意组合。

支路—支路的连接功能，则是将支路的某些时隙与另一支路的相关时隙相连。

3. 数字交叉连接设备（DXC）

（1）基本概念

DXC 是一种具有一个或多个准同步数字体系（G.702）或同步数字体系（G.707）信号的端口，是可以在任何端口信号速率（及其子速率）间进行可控连接和再连接的设备。

适用于 SDH 的 DXC 称为同步数字交叉连接设备（SDXC），SDXC 能进一步在端口间提供可控的 VC 透明连接和再连接。这些端口信号可以是 SDH 速率，也可以是 PDH 速率。

（2）功能

DXC 可将输入的 m 路 STM-N 信号交叉连接到输出的 n 路 STM-N 信号上，其核心功能是交叉连接，功能强的 DXC 能完成高速（如 STM-16）信号在交叉矩阵内的低级别交叉（如 VC12 级别的交叉）。

4. 再生中继器（REG）

SDH 网的再生中继器（REG）有两种，一种是纯光的再生中继器，另一种是光—电—光的再生中继器。这里是指再生中继器，REG 是双端口器件，只有两个线路端口。

REG 的作用是完成信号的再生整形，将东/西侧的 STM-N 信号传到西/东向线路上去。

REG 只需处理 STM-*N* 帧中的 RSOH 且不需要交叉连接功能,而 ADM 和 TM 因为要完成将低速支路信号分/插到 STM-*N* 中,所以不仅要处理 RSOH,还要处理 MSOH。

五、SDH 网络结构及保护

（一）SDH 网络结构

铁路传输网分为骨干、汇聚(中继)、接入三层结构。骨干传输层主要用于连接铁路总公司和全国各路局,为路局至铁路总公司、路局与路局之间的业务互通提供传输通道,从而实现各业务至铁路总公司的汇聚和路局间传送。

汇聚层和接入层为铁路沿线各业务节点间及各节点至调度所及所属路局提供业务接入、汇聚和传送。一般采用 STM-64 10 Gb/s 系统组建多业务传输平台(MSTP)汇聚层,经常称为沿线的骨干汇聚层,采用 STM-4 622 Mb/s 系统组建多业务传输平台(MSTP)接入层。

以武广高速铁路为例,其传输系统结构如图 7-6 所示。

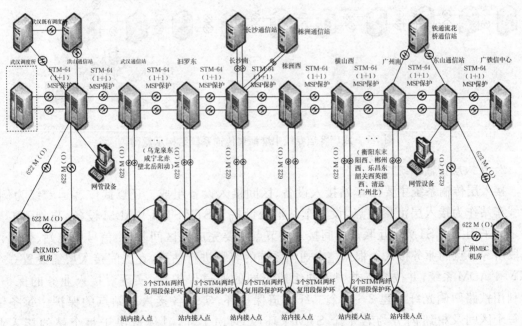

图 7-6　武广高速铁路传输系统结构图

1. 骨干汇聚层传输系统

传输系统骨干中继层一般为链形网络,采用 STM-64(或 STM-16)ADM 设备,主干传输链路节点利用 4 芯光纤构成 STM-64 MSP 1/1 传输系统链。骨干层与接入层通过在每个车站间的 STM-4 光接口互联,在各车站间及至铁路局和调度所传送的业务通过这些光接口进行调度。

武广客运专线中继汇聚传输系统结构如图 7-7 所示,在铁路沿线车站、调度所等设置了传输节点设备,并与既有通信站的传输系统进行了互联。

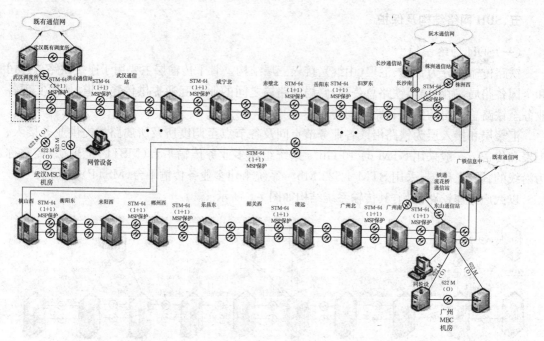

图 7-7　武广客运专线中继汇聚传输系统结构示意图

2. 接入层传输系统

接入层传输系统主要由车站接入设备、区间接入设备组成。还以武广客运专线为例,沿线车站作为接入层汇聚节点,设置车站汇聚设备 MSTP STM-4 ADM 设备,与骨干汇聚层之间采用 2 个 STM-4 互联。区间接入层节点主要完成各区间基站、信号中继站、牵引供电段所等节点的业务接入。根据整个通信系统的容量进行估算,在区间接入层需设置 3 个 STM-4 ADM 系统,并按节点类型不同组成不同的通道保护环,实现对接入业务的保护,即利用铁路两侧光纤组建 2～3 个二纤通道保护环,实现各接入层站点的保护。每条线或每个区间及枢纽内分为若干个 STM-4 环或 STM-1 环,具体取决于每个站的接入业务量。

武广客运专线接入层传输系统结构图如图 7-8 所示,在铁路沿线各车站通信和信息机房、维修工区、有人值守的牵引变电所及电力配电所、GSM-R 基站、信号线路所和信号中继站等节点设置 STM-4 ADM 设备,以车站为汇聚节点,利用铁路二侧光缆中光纤构成 3 个二纤自愈环。

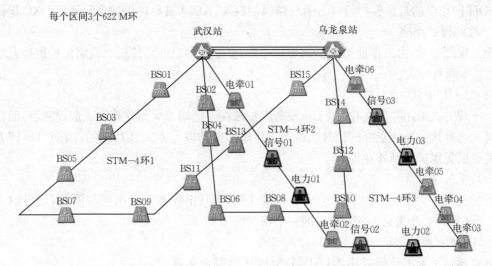

图 7-8 武广客运专线接入层传输系统结构示意图

3. 系统同步及网管

SDH 是数字同步传输系统,每个 ADM 设备提供时钟输入和输出接口,支持 2 Mb/s、2 MHz接口。SDH 的时钟系统工作模式有跟踪、保持、自由振荡模式。

SDH 系统采用主、从同步和分段同步方式。骨干层传输设备分段从某个通信站 BITS(大楼定时系统)设备引接所需的主用定时信号,从另一通信站 BITS 设备引接备用定时信号,接入汇聚层和区间接入层传输设备分段从骨干传输层提取线路时钟信号。在 SDH 网络内部,可以形成时钟传递系统来传输时钟,每个设备可以从线路码流、支路码流提取时钟,或者由设备自带的晶体钟自由振荡。

传输系统网元级网络管理系统提供标准的网元管理功能,系统一般采用基于分布式的客户端、服务器、数据库的三层结构。传输系统网管的主要功能为传输网络拓扑结构管理、SDH、以太网层的系统配置、性能管理、故障管理和安全管理功能。

一般传输系统元级网管设备配置在铁路局网管中心,在沿线维护单位配置便携网管终端。

(二)SDH 网络保护

SDH 自愈网是指当网络局部发生故障时,无需人为干预,网络就能在极短的时间内自动选择替代传输路由,重新配置业务,并重新建立通信,自动恢复所携带的业务,使用户感觉不到网络出了故障。

SDH 的基本原理是使网络能够发现替代传输路由,并在一定时限内重新建立通信。自愈网的概念只涉及重新建立通信,而不管具体实效元部件的修复和更换。后者仍需人工干预才能完成。

SDH 网络中的自愈保护可以分为线路保护倒换、ADM 自愈环保护和网孔形 DXC 保护。

1. 线路保护倒换

当出现故障时,由工作通道倒换到保护通道,使业务得以继续传送。线路保护倒换有"1+1"和 1:N 两种方式。

(1)"1+1"方式

"1+1"方式采用并发优收,即工作段和保护段在发送端永久地连接在一起(桥接),而在接收端择优选择接收性能良好的信号。由于工作段和保护段是永久性桥接的,因而"1+1"方式不可能提供无保护的额外业务。

(2)1:N 方式

保护段(1个)由 $N(N=1\sim14)$ 个工作段共用,当其中任意一个出现故障时,均可倒至保护段。其中 1:1 方式是 1:N 方式的一个特例。

2. ATM 自愈环保护

自愈环是指采用分插复用器(ADM)组成环形网来实现自愈的一种保护方式,如图 7-9 所示。

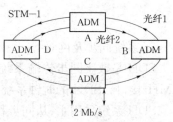

图 7-9 ADM 组成的环形网

根据自愈环的结构,可分为通道保护环和复用段保护环。

(1)通道保护环。业务量的保护以通道为基础,即保护的是 STM-N 信号中的某个 VC,倒换与否以环上的每一个通道信号质量的优劣而定,一般利用 TU-AIS 来决定是否应该进行倒换。

(2)复用段保护环。业务量的保护以复用段为基础,倒换与否按每一对节点间复用段信号质量的优劣而定。当复用段出故障时,整个节点间的复用段业务信号都转向保护段。从性质上来看,多属于共享保护,即保护时隙由每一个复用段共享,正常情况下保护段往往是空闲的。

二纤单向通道保护环如图 7-10 所示。采用两根光纤实现,其中一根用于传业务信号,称 W_1 光纤;另一根用于保护,称 P_1 光纤。

节点 A 传送信息给节点 C,正常情况下工作过程是这样的:首先将要传送的信号同时馈入 W_1 和 P_1,其中 W_1 沿顺时针方向将该信号送至 C,而 P_1 沿逆时针方向将信号送至 C,接收点 C 同时收到两个方向送来的相同的信号,根据优劣来选择接收,一般情况下以 W_1 为主。若 BC 节点间光缆断开,来自 W_1 的信号丢失,则节点 C 将通过倒换开关接收来自 P_1 的信号。

二纤双向复用段共享保护环如图 7-11 所示。在一根光纤中同时载有工作通路 W_1 和保护通路 P_2;在另一根光纤中同时载有工作通路 W_2 和保护通路 P_1。每根光纤上的一半的通路规定为工作通路,另一半通路作为保护通路。正常情况下,节点 AC 通信,通过 W_1 顺时针送至 C。当 BC 间光缆发生断开时,节点 AC 的通信是:A 首先沿 W_1 将信号送至 B,在 B 处发生倒换,由 P_1 来传输信号,并沿逆时针送至 C 节点。

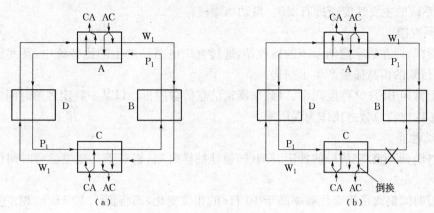

图 7-10 二纤单向通道保护环

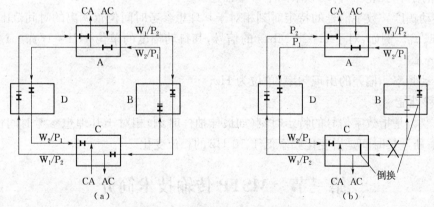

图 7-11 二纤双向复用段共享保护环

3. 网孔形 DXC 保护

DXC 保护主要是指利用 DXC 设备在网孔形网络中进行保护的方式,如图 7-12 所示。图中节点 A 与节点 D 间通信需要传送 12 单位的业务量。正常情况下,由节点 A 直接送至节点 D。当 AD 间光缆发生断开时,可以采用替代路由,从不同的路由将信息送至 D 节点。

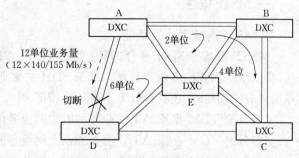

图 7-12 网孔形 DXC 保护

六、SDH 系统的主要性能指标

SDH 系统的主要性能指标有误码、抖动和漂移。

1. 误码性能

所谓误码,即在数字通信系统的接收端,通过判决电路后产生的比特流中,某些比特发生了差错,使传输的信息质量产生了损伤。

传统上常用 BER 又称误码率,以此来衡量信息传输质量。以某一特定观测时间内的错误比特数与传输比特总数之比作为误码率。

2. 抖动性能

所谓抖动,即为数字信号的特定时刻(如最佳抽样时刻)相对于其理想参考时间位置的短时间偏离。

所谓短时间偏离是指变化频率高于 10 Hz 的相位变化,而将低于 10 Hz 的相位变化称为漂移。

抖动常用抖动幅度和抖动频率两个参量描述。

(1)抖动幅度。数字信号的特定时刻相对于其理想参考时间位置偏离的时间范围,单位为 UI,$1UI=1/f_b$。例如,对于 2.028 Mb/s 的信号,其抖动幅度的单位 $1UI=1/f_b=1/2.048 \times 106=488$ nm。

(2)抖动频率。偏差的出现频率,单位为 Hz。

3. 漂移性能

所谓漂移,是指数字信号的特定时刻(如最佳抽样时刻)相对于其理想参考时间位置的长时间偏移。所谓长时间是指变化频率低于 10 Hz 的相位变化。

第三节　MSTP 传输技术简介

一、MSTP 概述

1. MSTP 定义及主要功能

MSTP 指基于 SDH 平台,同时实现 TDM、ATM、以太网等多种业务的接入、处理和传送,提供统一网管的多业务节点。基于 SDH 的多业务传送节点,除应具有标准 SDH 传送节点所具有的功能外,还具有以下主要功能特征:

(1)具有 TDM 业务、ATM 业务和以太网业务的接入功能。

(2)具有 TDM 业务、ATM 业务和以太网业务的传送功能。

(3)具有 TDM 业务、ATM 业务和以太网业务的点到点传送功能,保证业务的透明传送。

（4）具有 ATM 业务和以太网业务的带宽统计复用功能。

（5）具有 ATM 业务和以太网业务映射到 SDH 虚容器的指配功能。

2. MSTP 的特点

（1）继承了 SDH 技术的许多优点。

（2）提供多种物理接口。常见的接口有：TDM 接口、SDH 接口、以太网接口等。

（3）支持多种协议。如 ATM over SDH、Ethernet over SDH、Multi link PPP over SDH、HDLC、PPP/HDLC、LAPS 等，还可以支持通用成帧协议（GFP）。

（4）支持动态带宽分配。

（5）支持多种光纤传输。MSTP 位于骨干网时，信号类型为 STM-16、STM-64 等；当 MSTP 位于接入层和汇聚层时，信号类型为 STM-1、STM-4。

（6）提供集成的数字交叉连接功能。MSTP 在网络边缘完成大部分交叉连接功能，省掉核心层的数字交叉连接端口。

（7）综合的网络管理功能。MSTP 提供对不同协议层的综合管理，便于网络的维护和管理。

二、MSTP 的工作原理

MSTP 可以将 SDH 复用器、数字交叉连接器 DXC、WDM 终端、网络二层交换机和 IP 边缘路由器等多个独立的设备集成为一个网络设备，进行统一管理和控制。MSTP 工作原理如图 7-13 所示。

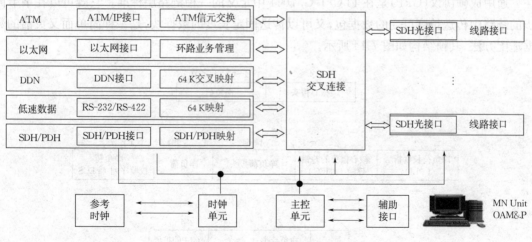

图 7-13　MSTP 工作原理

MSTP 实现的基础是将传送节点与各种业务节点融合在一起，构成业务层和传送层一体化的 SDH 业务节点，称为融合的网络节点或多业务节点。

三、MSTP 的关键技术

(一)虚级联

VC 的级联概念是在 ITU-T G.7070 中定义的,分为相邻级联和虚级联两种。

1. 相邻级联

SDH 中用来承载以太网业务的各个 VC 在 SDH 的帧结构中是连续的,其共用相同的通道开销(POH),此种情况称为相邻级联,有时也直接简称为级联。

2. 虚级联

SDH 中用来承载以太网业务的各个 VC 在 SDH 的帧结构中是独立的,其位置可以灵活处理,此种情况称为虚级联。

从原理上讲,可以将级联和虚级联看成是把多个小的容器组合为一个比较大的容器来传输数据业务的技术。通过级联和虚级联技术,可以实现对以太网带宽和 SDH 虚通道之间的速率适配。尤其是虚级联技术,可以将从 VC-4～VC-12 等不同速率的小容器进行组合利用,能够做到非常小颗粒的带宽调节,相应的级联后的最大带宽也能在很小的范围内调节。虚级联技术的特点是实现了使用 SDH 经济有效地提供合适大小的信道给数据业务,避免了带宽的浪费。这也是虚级联技术最大的优势。

(二)通用成帧协议

通用成帧协议(GFP)是在 ITU-T G.7041 中定义的一种链路层标准。它既可以在字节同步的链路中传送长度可变的数据包,又可以传送固定长度的数据块,是一种简单而又灵活的数据适配方法,其帧结构如图 7-14 所示。

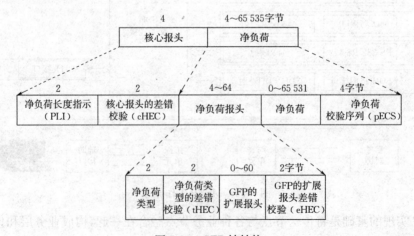

图 7-14 GFP 帧结构

GFP采用了与ATM技术相似的帧定界方式,可以透明地封装各种数据信号,利于多厂商设备互联互通。GFP引进了多服务等级的概念,实现了用户数据的统计复用和QoS功能。

GFP采用不同的业务数据封装方法对不同的业务数据进行封装,包括GFP-F和GFP-T两种方式。GFP-F封装方式适用于分组数据,把整个分组数据(PPP、IP、RPR、以太网等)封装到GFP负荷信息区中,对封装数据不做任何改动,并根据需要来决定是否添加负荷区检测域。GFP-T封装方式则适用于采用8/10 B编码的块数据,从接收的数据块中提取出单个的字符,然后把它映射到固定长度的GFP帧中。

(三)链路容量调整机制

链路容量调整机制(LCAS)是在ITU-T G.7042中定义的一种可以在不中断数据流的情况下动态调整虚级联个数的功能。它所提供的是平滑地改变传送网中虚级联信号带宽以自动适应业务带宽需求的方法。

LCAS是一个双向的协议,它通过实时地在收发节点之间交换表示状态的控制包来动态调整业务带宽。控制包所能表示的状态有固定、增加、正常、EOS(表示这个VC是虚级联信道的最后一个VC)、空闲和不使用六种。

LCAS可以将有效净负荷自动映射到可用的VC上,从而实现带宽的连续调整,不仅提高了带宽指配速度,对业务无损伤,而且当系统出现故障时,可以动态调整系统带宽,无须人工介入,在保证服务质量的前提下显著提高网络利用率。一般情况下,系统可以实现在通过网管增加或删除虚级联组中成员时,保证"不丢包";即使是由于"断纤"或"告警"等原因产生虚级联组成员删除时,也能够保证只有少量丢包。

(四)智能适配层

虽然在第二代MSTP中也支持以太网业务,但却不能提供良好的QoS支持,其中一个主要原因就是因为现有的以太网技术是无连接的。为了能够在以太网业务中引入QoS,第三代MSTP在以太网和SDH/SONET之间引入了一个智能适配层,并通过该智能适配层来处理以太网业务的QoS要求。智能适配层的实现技术主要有多协议标签交换(MPLS)和弹性分组环(RPR)两种。

(五)多协议标签交换

多协议标签交换(MPLS)利用2.5层交换技术将第三层技术(如IP路由等)与第二层技术(如ATM、帧中继等)有机地结合起来,从而使得在同一个网络上既能提供点到点传送,也可以提供多点传送;既能提供原来以太网尽力而为的服务,又能提供具有很高QoS要求的实时交换服务。MPLS技术使用标签对上层数据进行统一封装,从而实现了用SDH承载不同类型的数据包。这一过程的实质就是通过中间智能适配层的引入,将路由器边缘化,同时又将交换机置于网络中心,通过一次路由、多次交换将以太网的业务要求适配到SDH信道上,并通过采用GFP高速封装协议、虚级联和LCAS,将网络的整体性能大幅提高。

基于 MPLS 的第三代 MSTP 设备不但能够实现端到端的流量控制,而且还具有公平的接入机制与合理的带宽动态分配机制,能够提供独特的端到端业务 QoS 功能。另外,通过嵌入二层 MPLS 技术,允许不同的用户使用同样的 VLAN ID,从根本上解决了 VLAN 地址空间的限制。再有,由于 MPLS 中采用标签机制,路由的计算可以基于以太网拓扑,大大减少了路由设备的数量和复杂度,从整体上优化了以太网数据在 MSTP 中的传输效率,达到了网络资源的最优化配置和最优化使用。

(六)弹性分组环

弹性分组环(RPR)是 IEEE 定义的如何在环形拓扑结构上优化数据交换的 MAC 层协议,RPR 可以承载以太网业务、IP/MPLS 业务、视频和专线业务,其目的在于更好地处理环形拓扑上数据流的问题。

RPR 由两根光纤组成,在进行环路上的分组处理时,对于每一个节点,如果数据流的目的地不是本节点的话,就简单地将该数据流前传,这就大大地提高了系统的处理性能。通过执行公平算法,使得环上的每个节点都可以公平地享用每一段带宽,大大提高了环路带宽利用率,并且一条光纤上的业务保护倒换对另一条光纤上的业务没有任何影响。

RPR 是一种专门为环形拓扑结构构造的新型 MAC 协议,具有灵活、可靠等特点。它能够适应任何标准(如 SDH、以太网、DWDM 等)的物理层帧结构,可有效地传送话音、数据、图像等多种类型的业务,支持 SLA 及二层和三层功能,提供多等级、可靠的 QoS 服务,支持动态的网络拓扑更新。其节点间可采用类似 OSPF 的算法交换拓扑识别信令,并具有防止分组死循环的机制,增加了环路的自愈能力。另外,RPR 还具有较强的兼容性和良好的扩展性,具有 TDM、SDH、以太网、POS 等多种类、多速率端口,能够承载 IP、SDH、TDM、ATM、以太网等多种协议的业务,还可以方便地增加传输线路、传输带宽或插入新的网络节点,对将来可能出现的新业务、协议或物理层规范具有良好的适应性。再有,由于 RPR 环路每个节点都掌握环路拓扑结构和资源情况,并根据实际情况调整环路带宽分配情况,所以网管人员并不需要对节点间资源分配进行太多干预,减少了人工配置所带来的人为错误。RPR 使得运营商能够在城域网内以较低成本提供电信级服务,是一种非常适合在城域网骨干层、汇聚层使用的技术。

内嵌 RPR 的 MSTP 是基于 SDH 平台,内嵌 RPR 功能,而且提供统一网管的多业务节点。内嵌 RPR 的基于 SDH 的 MSTP 功能框图如图 7-15 所示。

(七)MPLS 技术与 RPR 技术比较

MPLS 技术与 RPR 技术各有优缺点。MPLS 技术通过 LSP 标签栈突破了 VLAN 在核心节点的 4096 地址空间限制,并可以为以太网业务 QoS、SLA 增强和网络资源优化利用提供很好的支持。而 RPR 技术为全分布式接入,提供快速分组环保护,支持动态带宽分配、空间重用和额外业务。从对整个城域网网络资源的优化功能来看,MPLS 技术可以从整个城域网网络结构上进行资源的优化,完成最佳的统计复用,而 RPR 技术只能从局部(在一个环的内部),而不是从整个网络结构对网络资源进行优化。从整个城域网的设备构成复杂性上来看,使用 MPLS 技术可以在整个城域网上避免第三层路由设备的引入,而 RPR 设备在环与环之间相连接时,却不可避免地要引入第三层路由设备。从保护恢复来看,虽然 MPLS 技术也能提供网络恢复功能,但是 RPR 却能提供更高的网络恢复速度。

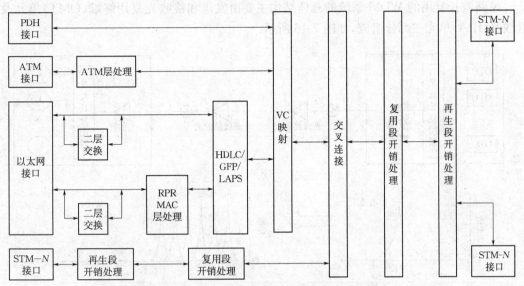

图 7-15 内嵌 RPR 的基于 SDH 的 MSTP 功能框图

第四节 WDM 传输技术简介

一、WDM 概述

(一)WDM 定义

WDM 即波分复用,是光纤通信中的一种传输技术,它利用了一根光纤可以同时传输多个不同波长的光载波的特点,把光纤可能应用的波长范围划分成若干个波段,每个波段作一个独立的通道传输一种预定波长的光信号。光波分复用的实质是在光纤上进行光频分复用(OFDM),只是因为光波通常采用波长而不用频率来描述、监测与控制。随着电—光技术的向前发展,在同一光纤中波长的密度会变得很高。因而,使用术语为密集波分复用(DWDM),与此对照,还有波长密度较低的 WDM 系统,较低密度的就称为稀疏波分复用(CWDM)。

这里可以将一根光纤看作是一个"多车道"的公用道路,传统的 TDM 系统只不过利用了这条道路的一条车道,提高比特率相当于在该车道上加快行驶速度来增加单位时间内的运输量。而使用 DWDM 技术,类似利用公用道路上尚未使用的车道,以获取光纤中未开发的巨大传输能力。

(二)WDM 系统组成

N 路波长复用的 WDM 系统的总体结构主要由发送和接收光复用终端(OMT)单元及中继线路(ILA)单元三部分组成,如图 7-16 所示。

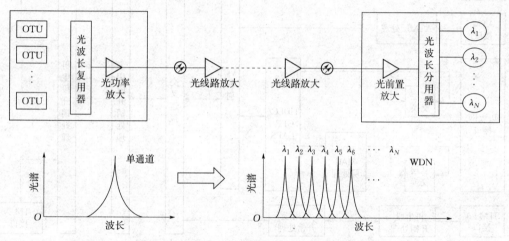

图 7-16　WDM 系统的基本组成及频谱示意图

如果按组成模块来分,有:

(1)光波长转换单元(OUT)

光波长转换单元(OUT)的作用是将非标准的波长转换为 ITU-T 所规范的标准波长。

(2)波分复用器:分波/合波器(ODU/OMU)

波分复用器可分为发端的光合波器和一个收端的光分波器。光合波器用于传输系统的发送端,是一种具有多个输入端口和一个输出端口的器件,它的每一个输入端口输入一个预选波长的光信号,输入的不同波长的光波由同一输出端口输出。光分波器用于传输系统的接收端,正好与光合波器相反,它具有一个输入端口和多个输出端口,将多个不同波长信号分类开来。

(3)光放大器(BA/LA/PA)

光放大器不但可以对光信号进行直接放大,同时还具有实时、高增益、宽带、在线、低噪声、低损耗的全光放大器,是新一代光纤通信系统中必不可少的关键器件。在目前实用的光纤放大器中,主要有掺铒光纤放大器(EDFA)、半导体光放大器(SOA)和光纤拉曼放大器(FRA)等。

（4）光监控信道/通路（OSC）

光监控信道是为 WDM 的光传输系统的监控而设立的。ITU-T 建议优选采用 1 510 nm 波长，容量为 2 Mb/s。靠低速率下高的接收灵敏度（优于－50 dBm）仍能正常工作。但必须在 EDFA 之前下光路，而在 EDFA 之后上光路。

（三）WDM 的优势

1. 超大容量

目前使用的普通光纤可传输的带宽是很宽的，但其利用率还很低。使用 DWDM 技术可以使一根光纤的传输容量比单波长传输容量增加几倍、几十倍，乃至几百倍。

2. 对数据的"透明"传输

由于 DWDM 系统按光波长的不同进行复用和解复用，而与信号的速率和电调制方式无关，即对数据是"透明"的。一个 WDM 系统的业务可以承载多种格式的"业务"信号，如 ATM、IP 或将来有可能出现的信号。WDM 系统完成的是透明传输，对于"业务层"信号来说，WDM 系统中的各个光波长通道就像"虚拟"的光纤一样。

3. 系统升级时能最大限度地保护已有投资

在网络扩充和发展中，无需对光缆线路进行改造，只需更换光发射机和光接收机即可实现，是理想的扩容手段，也是引入宽带业务（例如 CATV、HDTV 和 B-ISDN 等）的方便手段，而且利用增加一个波长即可引入任意想要的新业务或新容量。

4. 高度的组网灵活性、经济性和可靠性

利用 WDM 技术构成的新型通信网络比用传统的电时分复用技术组成的网络结构要大大简化，而且网络层次分明，各种业务的调度只需调整相应光信号的波长即可实现。由于网络结构简化、层次分明及业务调度方便，由此而带来的网络的灵活性、经济性和可靠性是显而易见的。

5. 可兼容全光交换

可以预见，在未来可望实现的全光网络中，各种电信业务的上/下、交叉连接等都是在光上通过对光信号波长的改变和调整来实现的。因此，WDM 技术将是实现全光网的关键技术之一，而且 WDM 系统能与未来的全光网兼容，将来可能会在已经建成的 WDM 系统的基础上，实现透明的、具有高度生存性的全光网络。

二、WDM 系统设备

WDM 系统设备按用途可分为光终端复用器（OTM）、光线路放大器（OLA）、光分插复用器（OADM）和电中继器（REG）几种类型。

1. 光终端复用器

OTM 放置在终端站，分为发送部分和接收部分。

在发送方向,OTM 把波长为 $\lambda_1 \sim \lambda_{16}$(或 λ_{32})的 STM-16 信号经合波器复用成 DWDM 主信道,然后对其进行光放大,并附加上波长为 λ_s 的光监控信道。

在接收方向,OTM 先把光监控信道取出,然后对 DWDM 主信道进行光放大,经分波器解复用成 16(或 32)个波长的 STM-16 信号。

光波分复用器的种类有很多,大致可以分为四类:干涉滤光器型、光纤耦合器型、光栅型、阵列波导光栅(AWG)型。

(1)光栅型波分复用器

光栅型波分复用器属于角色散型器件,是利用角色散元件来分离和合并不同波长的光信号。最流行的衍射光栅是在玻璃衬底上沉积环氧树脂,然后再在环氧树脂上制造光栅线,构成所谓反射型闪烁光栅的。入射光照射到光栅上后,由于光栅的角色散作用,不同波长的光信号以不同的角度反射,然后经透镜会聚到不同的输出光纤,从而完成波长选择功能;逆过程也成立,如图 7-17 所示。

(2)介质薄膜滤型波分复用器

介质薄膜滤波器型波分复用器是由介质薄膜(DTF)构成的一类芯交互型波分复用器。DTF 干涉滤波器是由几十层不同材料、不同折射率和不同厚度的介质膜,按照设计要求组合起来的,每层的厚度为 1/4 波长,一层为高折射率,一层为低折射率,交替叠合而成。当光入射到高折射层时,反射光没有相移;当光入射到低折射层时,反射光经历 180° 相移。由于层厚 1/4 波长(90°),因而经低折射率层反射的光经历 360° 相移后与经高折射率层的反射光同相叠加。这样在中心波长附近各层反射光叠加,在滤波器前端面形成很强的反射光。在这高反向射区之外,反射光突然降低,大部分光成为透射光。据此可以使薄膜干涉型滤波器对一定波长范围呈通带,而对另外波长范围呈阻滞,形成所要求的滤波特性。介质薄膜滤波器型波分复用器结构原理如图 7-18 所示。

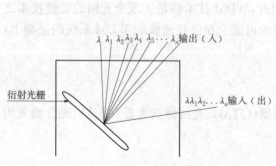

图 7-17　光栅型波分复用器

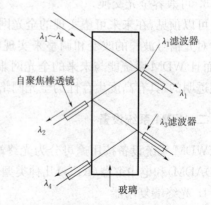

图 7-18　介质薄膜滤波器型波分复用器结构原理

在波分复用系统中,当只有 4~16 个波长波分复用时,使用该波分复用器件,是比较理想的。

(3)熔锥型波分复用器

光纤耦合器有两类,应用较广泛的是熔拉双锥(简称熔锥)式光纤耦合器,即将多根光纤在热熔融条件下拉成锥形,并稍加扭曲,使其熔接在一起。由于不同光纤的纤芯十分靠近,因而可以通过锥形区的消失波耦合来达到需要的耦合功率。第二种是采用研磨和抛光的方法去掉光纤的部分包层,只留下很薄的一层包层,再将两根经同样方法加工的光纤对接在一起,中间涂有一层折射率匹配液,于是两根光纤可以通过包层里的消失波发生耦合,得到所需要的耦合功率。熔锥式波分复用器件制造简单,应用广泛。

(4)集成光波导型波分复用器

集成光波导型波分复用器是以光集成技术为基础的平面波导型器件,典型制造过程是在硅片上沉积一层薄薄的二氧化硅玻璃,并利用光刻技术形成所需要的图案并腐蚀成型。该器件可以集成生产,在今后的接入网中有很大的应用前景,而且,除了波分复用器之外,还可以作成矩阵结构,对光信道进行上/下分插(OADM),是今后光传送网络中实现光交换的优选方案,其结构示意如图 7-19 所示。

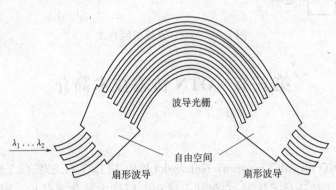

图 7-19 集成光波导型波分复用器结构图

2. 光线路放大器

光线路放大器(OLA)放置在中继站上,完成双向传输的光信号放大,延伸无电中继的传输距离。

每个传输方向的 OLA 先取出光监控信道(OSC)并进行处理,再将主信道进行放大,然后将主信道与光监控信道合路并送入光纤线路。

3. 光分插复用器

光分插复用器(OADM)用于分插本地业务通道,其他业务通道穿通。

4.电中继器

电中继器(REG)中无业务上/下,完成电信号的整形、定时和再生,改善信号质量,能延伸传输距离。

三、WDM 系统组网

WDM 系统最基本的组网方式,可分为点到点组网、链形组网和环形组网,如图 7-20 所示。

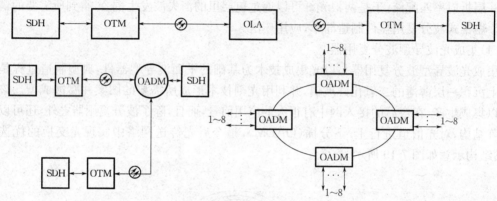

图 7-20　WDM 系统组网方式

第五节　OTN 传输技术简介

一、OTN 概述

光传送网 OTN(Optical Transport Network)是由 ITU-T G.872、G.798、G.709 等建议定义的一种全新的光传送技术体制,它包括光层和电层的完整体系结构。对于各层网络都有相应的管理监控机制和网络生存性机制。

OTN 的思想来源于 SDH/SONET 技术体制(如映射、复用、交叉连接、嵌入式开销、保护、FEC 等),把 SDH/SONET 的可运营、可管理能力应用到 WDM 系统中,同时具备了 SDH/SONET 灵活可靠和 WDM 容量大的优势。

除了在 DWDM 网络中进一步增强对 SONET/SDH 操作、管理、维护和供应(OAM&P)功能的支持外,OTN 核心协议 ITU G.709(基于 ITU G.872)主要对以下三方面进行了定义:

首先,它定义了 OTN 的光传输体系。

其次,它定义了 OTN 的开销功能,以支持多波长光网络。

第三，它定义了用于映射客户端信号的 OTN 的帧结构、比特率和格式。

OTN 技术是在目前全光组网的一些关键技术（如光缓存、光定时再生、光数字性能监视、波长变换等）不成熟的背景下，基于现有光电技术折中提出的传送网组网技术。OTN 在子网内部通过 ROADM 进行全光处理，而在子网边界通过电交叉矩阵进行光电混合处理，但目标依然是全光组网，也可认为现在的 OTN 阶段是全光网络的过渡阶段。

1. OTN 网络结构

按照 OTN 技术的网络分层，可分为光通道层、光复用段层和光传送段层三个层面。另外，为了解决客户信号的数字监视问题，光通道层又分为光通路净荷单元（OPU）、光通道数据单元（ODUk）和光通道传送单元（OTUk）三个子层，类似于 SDH 技术的段层和通道层。OTN 网络分层如图 7-21 所示。

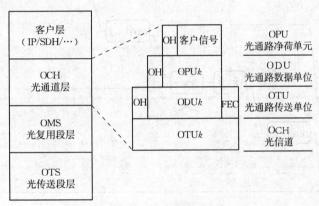

图 7-21 OTN 网络分层

2. OTN 帧结构

OTN 规定了类似于 SDH 的复杂帧结构，如图 7-22 所示。OTN 有着丰富的开销字节用于 OAM，OTN 设备具备和 SDH 类似的特性，支持子速率业务的映射、复用和交叉连接、虚级联。

图 7-22 OTN 帧结构

OPUk（光信道净荷单元）。实现客户信号映射进一个固定的帧结构的功能，包括但不限于 STM-N、IP 分组、ATM 信元、以太网帧。

ODUk（光信道数据单元）。也叫数据通道层，提供与信号无关的连通性,连接保护和监控等功能。

OTUk（光信道传送单元）。也叫数字段层，提供 FEC,光段层保护和监控功能。

3. OTN 映射与复用

OTN 复用过程也类似于 SDH 的复用过程,如图 7-23 所示。

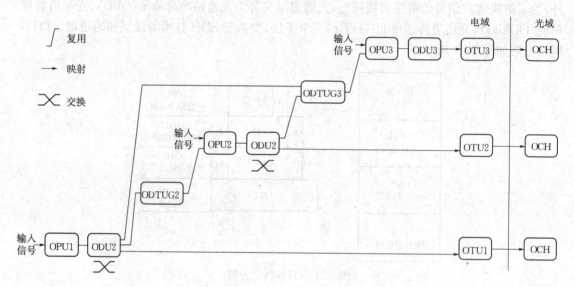

图 7-23   OTN 复用结构

OUT、ODU（包括 ODU 串联连接）及 OPU 层都可以被分析和检测。按照 ITU G. 709 的规定,当前的测试解决方案可以提供三种线路速率：

（1）OUT1(255/238×2.488 320 Gb/s≈2.666 057 143 Gb/s)也称为 2.7 Gb/s。

（2）OUT2(255/237×9.953 280 Gb/s≈10.709 225 316 Gb/s)也称为 10.7 Gb/s。

（3）OUT3(255/236×39.813 120 Gb/s≈43.018 413 559 Gb/s)也称为 43 Gb/s。

二、OTN 设备

OTN 设备分为两类。第一类为 OTN 终端设备,具有 OTN 接口的 WDM 设备;第二类为 OTN 交叉连接设备,具有 OTN 交叉连接功能的 WDM 设备。此类设备又可根据技术实现不同分为三种:具有 OTN 电交叉设备、具有 OTN 光交叉设备、同时具有 OTN 光交叉和电交叉设备。

三、OTN 技术的优势

OTN 的优势主要体现在以下几个方面：

（1）从静态的点到点演进成动态的光调度设备

OTN 能提供基于电层的子波长交叉调度和基于光层的波长交叉调度，提供强大的业务疏导调度能力。在电层上，OTN 交换技术以 2.5 G 或 10 G 为颗粒，在电层上完成子波长业务调度。采用 OTN 交换技术的新一代 WDM 只在传统 WDM 上增加一个交换单元，增加的成本极少。在光层上，以 ROADM 实现波长业务的调度，ROADM 技术的出现使得 WDM 能以非常低廉的成本（无 OEO 转换）完成超大容量的光波长交换。

（2）提供快速、可靠的大颗粒业务保护能力

基于 OTN 交换的 WDM 设备可以实现波长或子波长的快速保护，如 1+1、1∶1、1∶N、Mesh 保护，满足 50 ms 的保护倒换时间。

（3）业务传送透明、高效的业务复用封装

通过提供 G. 709 的 OTN 接口，WDM 传送 LAN 信号时叠加类似 SDH 的开销字节，代替了路由器 POS 端口的开销字节功能，消除了路由器提供 POS 端口的必要性。此外，OTN 提供了任意业务的疏导功能，使 IP 网络配置更灵活，业务传送更可靠。OTN 能接 IP、SAN、视频、SDH 等业务，并可实现业务的透明传送。

（4）良好的运维管理能力

OTN 定义了丰富的开销字节，使 WDM 具备同 SDH 一样的运维管理能力。其中多层嵌套的串联连接监视（TCM）功能可以实现嵌套、级联等复杂网络的监控。

（5）支持控制平面的加载

OTN 支持 GTMPLs 控制平面的加载，从而构成基于 OTN 的 ASON 网络。基于 SDH 的 ASON 网络与基于 OTN 的 ASON 网络采用同一控制平面，可实现端到端、多层次的智能光网络。

本章小结：高速铁路传输系统采用的主要技术有 SDH（同步数字体系）、MSTP（基于 SDH 的多业务传送平台）、WDM（波分复用技术）、OTN（光传送网）等。

SDH 是一种将复接、线路传输及交换功能融为一体，并由统一网管系统操作的综合信息传送网，可实现网络有效管理、实时业务监控、动态网络维护等多项功能。

SDH 传输网由终端复用器（TM）、分插复用器（ADM）、同步数字交叉连接设备（SDXC）和再生中继器（REG）等各种网元构成。

铁路传输网分为骨干、汇聚（中继）、接入三层结构。骨干传输层主要用于连接铁路总公司和全国各路局，从而实现各业务至铁路总公司的汇聚和路局间传送。汇聚层和接入层为铁路沿线各业务节点间及各节点至调度所及所属路局提供业务接入、汇聚和传送。

思考题

1. SDH 的基本概念和帧结构分别是怎样的？

2. 简述 STM-1、STM-4、STM-16、STM-64 的速率各是多少？

3. 我国 SDH 复用过程是怎样的？

4. 高速铁路中 SDH 的结构是怎样的？

5. MSTP 的概念和主要功能是什么？

6. MSTP 传输技术采用了哪些关键技术？

7. WDM 的定义及优势是什么？

8. WDM 系统组成是怎样的？

9. OTN 的网络结构和帧结构分别是怎样的？

10. OTN 的技术优势有哪些？

第八章
数据网系统

本章提要: 本章系统阐述了郑州、北京、西安等铁路局 IP 数据网的建设方案,并对网络安全知识有所介绍。

第一节　高速铁路数据网

一、目前铁路数据网现状

数据通信是计算机网络最基本的功能,快速传送计算机与终端、计算机与计算机之间的各种信息,包括文字信件、新闻消息、咨询信息、图片资料、报纸版面等。将分散在各个地区的单位或部门用计算机网络联系起来,进行统一的调配、控制和管理,如铁路的自动订票系统、信息查询系统。

随着计算机和通信技术的发展,铁路总公司在 1992 年开始,先后建设了 X.25、帧中继网络 FR、ATM 网络。其网络规模覆盖全国各铁路局及铁路站段,地理位置主要在铁路沿线。

X.25 网络原来主要承载铁路各种 MIS(Management Information System)系统的业务,帧中继、ATM 网络主要为铁路各 MIS 系统提供通道。

2007 年 4 月铁路进行了第六次提速,列车行驶速度增加到 200 km/h,随着列车行驶速度的加快,将需要更多的、准确的信息,辅以更加先进的技术手段来保证列车的行车安全。目前铁路的各种数据业务,基本上都是 IP 数据业务,铁路信息化的发展需求,也正向 IP 需求集中,同时,由于 IP 网络能承载数据、语音、图像,因此,从数据网络技术发展趋势上看,正向 IP 技术这种数据网络形式集中。

目前铁路既有的 IP 数据网,是铁路为 TMIS、CTC/TDCS、客票、公安系统等分别独立建设的 IP 数据承载网,网络带宽很低(基本为 2 M 或 $n \times 2$ M 等的连接),设备等级也较低,不能满足铁路信息化发展的需要。

300 km/h 的客运专线铁路及 200 km/h 客货混运铁路的建设,促进了铁路数据业务服务的共用 IP 数据网络的发展。铁路数据网结构如图 8-1 所示。

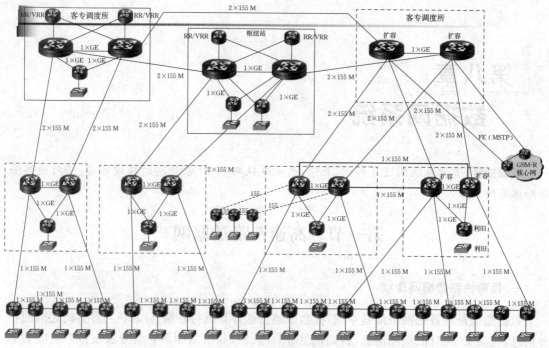

图 8-1 铁路数据网结构

高速铁路数据网为非行车安全、资金安全的数据、图像业务提供路由及交换等功能,满足旅客服务、视频监控及信息系统等对数据业务的处理需要。

二、铁路局 IP 数据网方案

各铁路局 IP 数据网的建设是为适应铁路的发展,更好地为铁路生产指挥服务,满足 5T 业务需求的迫切性及视频监控、动力环境监控、视频会议等业务需求。目前各铁路局,如北京铁路局、西安铁路局、郑州铁路局、呼和浩特铁路局、乌鲁木齐铁路局、广州铁路(集团)公司铁路 IP 数据网已初见规模。

(一)郑州铁路局铁路数据网

郑州铁路局 IP 数据网是内部专用的“互联网”,组网基于 TCP/IP 技术,用于实现铁路局、各站段到各中间站、车间、班组的办公联网系统、视频会议系统、远程监视系统、监测系统、铁路信息系统、运输指挥管理系统、行车安全监测系统等的接入,为铁路信息化建设提供通道承载服务。

1. 郑州铁路局 IP 数据网网络结构

该网络为三层结构,分为核心层、汇聚层、接入层。核心层节点为路局节点,汇接本路局业务,上连总部和铁路总公司,负责汇接本路局业务,给各汇聚层节点提供高带宽的业务平面承载和交换通道,是郑州铁路局 IP 数据网的基石。它采用最先进的、高吞吐的路由器,以保证网络的稳定、可靠和业务畅通。汇聚层节点为本路局内的地区汇接节点,负责本地区业务的汇聚和转发,在网络中起到承上启下的作用,是用户连接骨干层的桥梁,配置较高性能的路由器。接入层节点按近中远期逐步覆盖本路局内各个站点。

2. 郑州铁路局 IP 数据网网络组成

核心层:设置主、备两台 T128 路由器。

汇聚层:在河南铁通支撑中心(郑州)、南阳通信站、洛阳东通信站、新乡通信站分别设置两台 T64 汇聚路由器。

接入层:在郑州、郑州北、许昌、开封、商丘、西峡、南阳、宝丰、唐河、三门峡、洛阳东、济源、长治北、新乡、焦作和安阳通信机械室各配置一台 GER08 路由器。IP 数据网网络结构如图 8-2所示。

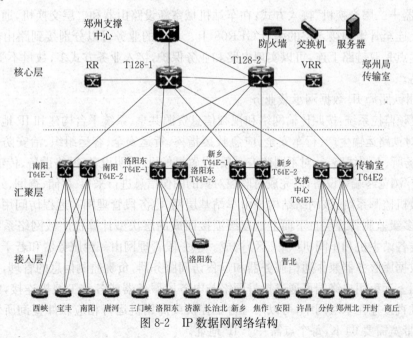

图 8-2　IP 数据网网络结构

3. 郑州铁路局 IP 数据网连接方式

核心层:分别在河南铁通支撑中心(郑州)和郑州设置主、备两台路由器,采用 GE 端口互联,互为备份。

核心层:设备预留与全国骨干网互联的接口(GE 或 622M POS)。

汇聚层:每个汇聚节点设置两台路由器,采用 GE 端口互联,互为备份。洛阳东和郑州汇聚节点两台路由器分别通过 GE 接口上连郑州核心层路由器。南阳和新乡汇聚路由器中的一台通过 GE 接口上联郑州核心路由器中的一台;另一台路由器通过 POS155 接口与洛阳东汇聚路由器相连,作为备份链路。

接入层:根据既有传输资源情况,PE 路由器通过 FE、POS155 或 N×2 M 接口(直连或经过两套不同的传输系统)双/单上连至所属区域汇聚路由器。

4. 郑州铁路局 IP 数据网用户接入方式

二层交换机接入方式:在车站机械室新设二层交换机,通过传输链路上连至所属骨干网接入层的 GER08 上。其优点是结构简单、建设成本低。但由于单链路上连,无法实现电路和业务保护。

路由器接入方式:在车站机械室新设路由器,通过两条传输链路分别上连至骨干网接入层的两台 GER08 上。其优点是双链路上连,可以实现电路和业务的保护。但受路由器端口数量限制,接入能力有限。若采用 DSLAM 接入,清算单价低。

"路由器+二层交换机"接入方式:在车站机械室新设路由器和二层交换机,通过两条传输链路分别上连至骨干网接入层的两台 GER08 上。不同的业务可以分别接到路由器不同的端口上。其优点是双链路上连,可以实现电路和业务保护,接入业务方式多,数量不受限制,但建设成本较高。

5. 郑州铁路局 IP 数据网承载业务

综合视频监控系统:按照传输网络和视频信息资源共享、系统平台构建和 IP 地址统一规划的原则,针对铁路运输生产、行车安全、应急救援指挥、货运安全、客运组织、治安防范等不同需要,在不同场所、不同线路,针对不同监控对象,设置摄像机、照明设备、网络设备、传输设备、存储设备及监控/浏览终端等设备,以完成对监控对象的图像信息进行采集、存储、查询、分析处理等。

信号微机监测系统:该网络结构是由车站基层网、电务段管理网和远程访问用户网三部分组成的,以多级监测管理层自下而上地逐级汇接而成的层次型计算机广域网络系统。车站基层网由沿线各站主机和车间机(领工区)构成。电务段管理网由一台服务器和若干台终端构成局域网。数据库服务器兼作通信服务器和远程访问服务器,负责监测信息的管理,并接收终端用户的访问。远程用户终端可通过拨号网络与电务段服务器或各站工控机连接,索取所需信息。车间机直接连在基层网中,可以用一台工控机或商用机运行相应软件查询所管辖各站的监测信息,带宽需要 64 K,每个点需一个 IP 地址。

红外轴温探测系统:各红外轴温探测点接入到郑州铁路局红外中心服务器,同时各行车调度台也可以作为复视点进行接入。带宽需要 64 K,每个探测点需 4~8 个 IP 地址,每台电脑终端一个 IP 地址。

各类办公及综合管理系统：对于电务、工务等系统的办公及综合管理系统,每台服务器需要若干 IP 地址(根据不同的业务分类)。每台电脑终端需要一个 IP 地址,带宽一般只需要64~200 K。

(二)北京铁路局铁路数据网

该局网络构建为:一个独立的 AS 域,由核心节点、汇聚节点、接入节点构成。在北京设置局主、备核心节点路由器,在天津、石家庄分别设置汇聚节点路由器,北京地区汇聚节点路由器由局备用核心节点路由器承担。根据业务情况设置接入层节点路由器,其路由器分别采用NE80 和 NE40。图 8-3 是北京局铁路数据网拓扑结构示意图。

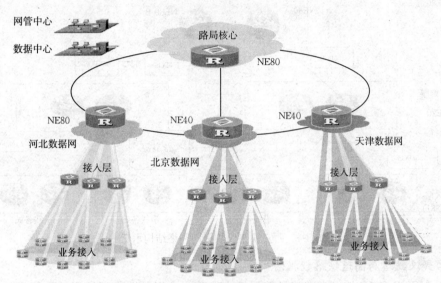

图 8-3 北京铁路局数据网网络结构示意图

(三)西安铁路局铁路数据网

西安铁路局铁路数据网网络由核心节点、汇聚节点、接入节点构成。核心节点设置三台NE80 路由器,通过 GE 互联。汇聚节点设置两台 NE20 路由器,与核心节点路由器采用155 Mb/s POS(Packet Over SDH)接口互联。接入层节点与相邻接入层节点链状互联后通过FE 或 2 M 接口上联至汇聚节点路由器。接入层采用华为 AR2811 路由器。AR28 系列路由器能分别提供 1 端口的 POS 模块和 1 端口的 CPOS 模块。

1CPOS 是 1 端口通道 SDH/SONET 接口卡的简称,其中 C 表示 Channelized,POS 表示Packet Over SDH/SONET。1CPOS 支持 1 个 STM-1/OC3 多通道接口卡,支持155.52 Mb/s的通信速率。

1CPOS 接口卡分为 RT-1CPOS(E) 和 RT-1CPOS(T) 两种型号,其中 RT-1CPOS(E) 接口

卡支持 E1 制式,而 RT-1CPOS(T)接口卡支持 T1 制式。1POS 是 1 端口 SDH/SONET 接口卡的简称,其中 POS 表示 Packet Over SDH/SONET,1POS 接口传输速率为 STM-1/OC-3 (155.52 Mb/s)。1POS 在数据链路层可以使用 PPP、帧中继和 HDLC 协议,在网络层使用 IP 协议。1POS 接口的功能是实现数据包在 SONET/SDH 上的直接传输。西安铁路局数据网网络结构如图 8-4 所示。

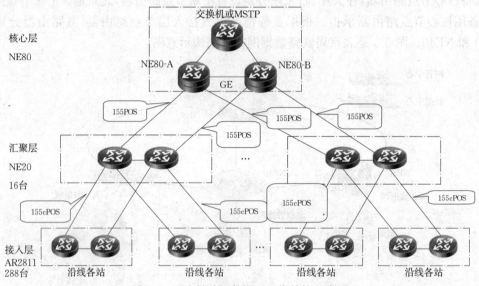

图 8-4 西安铁路局数据网网络结构示意图

(四)武汉铁路局高速铁路数据网

采用 MSTP 和 IP 技术在武汉铁路局管内构建一个以铁路中间站为基础信息接入单位的高速、宽带,不受地域限制,通过应用系统统一策略控制和管理的多业务专用宽带数据网络综合信息化业务平台,为铁路局各种信息化应用系统提供丰富多样的接入手段和优质、安全、灵活的组网方式,网络带宽可满足当前已提出的各类信息化需求且可以快速平滑升级,确保充分满足铁路信息化建设的发展需要。如图 8-5 所示。

满足铁路局信息化需求,为站段内部提供必要的通信和信息化服务。建设各站段内部的电话会议系统,达到上传下达的目的,站段内部的电话会议目前以各专业系统(车务、机务、工务、电务、车辆)站段到车站、领工区、工区的音频会议需求为主,将来可满足站段至领工区(车间)的可视会议需求。实现与路局音视频会议系统联网,为将来路局音视频会议网络延伸到车间及基层负责人桌面提供条件。

为站段提供信息化服务,必须建立各专业系统(车务、机务、工务、电务、车辆)站段至车间班组间办公网,将 10 M/100 M 以太网接口直接延伸到站段,车间、工区等基层单位以 ADSL 接入。

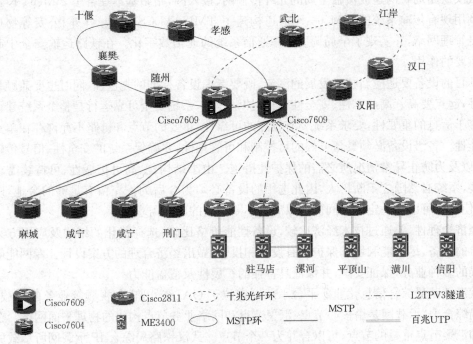

图 8-5 武汉铁路局数据网

建立局调度楼,车务段对车站、区间采集点视频监控系统,各大型车站的站场作业安全监控,并与路局抢险指挥中心相连,掌握全局各站安全生产情况。建立客运车站客流监控系统,使路局及时掌握各客运车站的客流发送情况,方便客运指挥。由于安全监控、客流监控需要实时视频传送这,因此等效接入带宽小于或等于 2 M,以 G. 703 或 10 M/100 M 以太网接口延至车站站场来满足。

配合铁路救援指挥系统的建设,对原有的应急救援抢险系统进行改造,以适应运输生产发展的需求,为抢险现场和路局救援指挥中心间提供多路话音、静图、动图等业务,进一步增强救援指挥中心的指挥手段和能力。由于要求进行动图传输,因而有效带宽小于或等于 2 M,接入接口为 G. 703 或 10 M/100 M 以太网。

为了保证行车安全,提高红外线轴温探测系统安全防范能力,启动红外线轴温探测系统传输通道数字化改造,将原来红外线探测站到铁路局车辆运行安全中心监测站的点对点音频通道改为铁通铁路综合 IP 网作为承载平台,铁路局监控中心终端均通过铁通综合 IP 数据网提供的广域网端口接入,通过铁通综合 IP 数据网 VPN 实现本系统的信息传输,在铁通监控中心新设防火墙实现信息安全防护及 IP 地址转换,并通过接口服务器实现与既有系统的数据交互。

武汉铁路局管内建成覆盖全局的光纤传输网、接入网,站站基本具备了 2 M、64 K 接入能力。利用现有传输系统的 2 M、64 K 通道构建了 TMIS、TDCS、客票、红外、公安等物理隔离的信息管理网络,并实现了全局调度指挥通信系统的通信数字化。在铁路运输安全中起到了极其重要的作用。

项目的设备要适应新技术发展的潮流,既要考虑设备标准的先进性,同时也要兼顾技术的成熟性,起点要高。高可靠性、安全性、可维护管理性,系统安全可靠运行是整个系统建设的基础。鉴于信息的重要性,要求系统要有较高的可靠性,重要的节点和链路不允许存在单点故障的可能性。各级设备必须具备良好的可控和可管理性,要确保系统的安全性、信号传输的正确性,以及为防止异常情况所必需的保护性措施。由于结构化、高可扩展性、可持续需求的不断发展,系统必然随之不断扩大,因此选用的设备必须为今后的扩充留有足够的余地,以保护投资,使系统可以在一定的时间内得以满足不断增长的应用需求。

经济合理性,要通过技术经济比较,设备性能价格比较,选择优化的结构及应用方案和优质优价的设备,尽可能利用和保护现有设备和投资,做出经济合理的方案设计。专网能够承载铁路局的多种业务,保证安全,并保证具备强的扩展性及覆盖能力。

武汉铁路局综合信息化业务平台承载网定位于 OA、红外监测、视频等业务的承载,武汉铁路局综合 IP 承载网是由核心节点、汇聚节点和网络业务节点构成的物理平面网络。在核心节点和汇聚节点重叠的节点,可以合并为一个节点。武汉铁路局综合 IP 承载网所承载的所有业务将通过 MPLS VPN 方式进行承载,即通过为不同业务构建不同的逻辑业务承载网,从而实现对全网业务承载。武汉铁路局综合 IP 承载网 MPLS VPN 将提供不同等级(CoS)的 QoS 特性,以适应对不同业务承载的需求。武汉铁路局综合 IP 承载网 MPLS VNPN 体系结构中,将通过统一规划与 MP-BGP 相关的路由识别符(Route Distinguisher,RD)、路由目标(Routing Target,RT)和 VRF,以实现不同 MPLS VPN 的业务调度和控制。综合信息平台结构如图 8-6 所示。

网络的拓扑结构决定了网络的运行效率和可扩展性,为了确保在网络中某些线路出现故障时,网络仍然能够正常运行,要求每个节点与其他节点之间的连接要有适当的冗余线路。在满足数据通信需求和确保网络正常运行的条件下,尽可能降低网络的建设成本和运行费用。流量合理分布,充分利用所有网络线路,避免出现某些线路过于拥挤或某些线路过于空闲的情况。传输时延最小,在以上条件的约束下,尽可能地减少网络节点间数据传输的时延,即尽可能减少传输所经过的节点数。在保证满足需求和高性能的条件下,尽可能地符合网络使用部门的组织和管理特点,便于网络的技术管理、维护和行政管理。

整个网络架构由以下部分组成:

L2TPV3 网络架构。武汉城域网千兆环架构;MSTP 环网结构;MSTP 双链路结构。L2TPV3 网络架构充分利用现有豫南地市的 ISR 路由器设备,另外在宜昌无传输资源,也选用 ISR 路由器和豫南地市同样建立 L2TPV3 隧道。以 L2TPV3/VPN 技术 FE 方式在中国铁通骨干网上构建成一个虚拟的铁通业务数据网,因为采用先进的二层承载技术,实现了业务网与 Internet 的物理隔离,Internet 对铁路局客户是完全不可见的,达到了 SDH 传输设备同样的隔离安全性;同时,因为总部骨干网武汉与各地市均不少于 2×155 M 电路联结,而且有大量带宽空闲,所以基本相当于个汇聚点都以 100 M 方式与核心路由器互联,简单且高效;然后在每个地市新增加思科的 ME3400 城域网交换机充当 MPLS/VPN 全网的 CE 设备,完全达到多业务承载需求,并可以实现业务之间的安全隔离,同时,在今后省内传输扩容后可采用独立的电路直联方式,平滑升级。图 8-8 为武汉城域网千兆环架构。

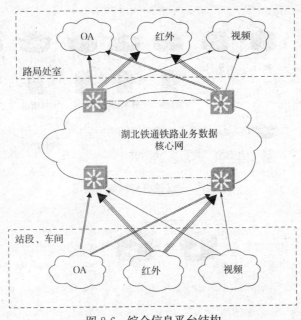

图 8-6 综合信息平台结构

现武汉市内各节点可以依靠传输提供千兆环,在核心新增两台 Cisco7609 路由器和每节点新增的 Cisco7604 城域网交换机构成环,实现主链路上各节点的冗余备份。Cisco7604 在 MPLS 的部署中充当 PE 设备,以每两个节点为一组形成互相备份,给接入的各站点提供自动冗余保护,保证网络的安全性和可靠性。

省内孝感、十堰、襄樊、随州四地市可以通过 MSTP 形成环,在每地市新增 Cisco7604,和省中心的双核心 Cisco 7609 形成 MSTP 环。

MSTP 双链路结构,在荆门、黄石、咸宁、麻城四地市使用 MSTP 百兆传输,每地市新增 Cisco7604 上连到省核心的双 7609,Cisco7604 充当 PE 设备可以每两个地市为一组,可以使用双 CE 双归属到双 PE 的方式,为站点节点提供冗余备份。

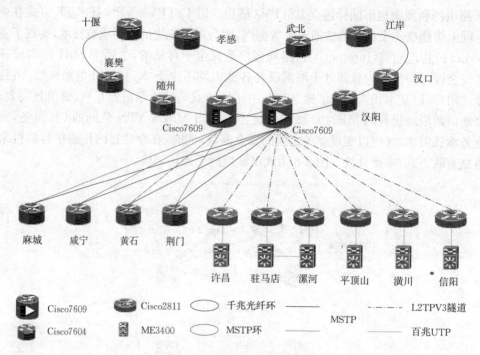

图 8-7 武汉铁路局网络结构图

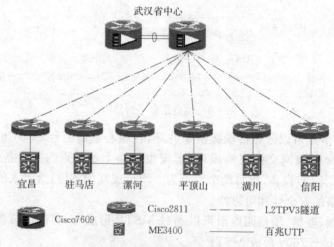

图 8-8 武汉城域网千兆环架构

　　考虑到此次项目对可靠性和安全性的特殊要求,核心设备考虑双核心设备,一方面保证安全;一方面均衡流量。同时,以节约为目的,核心设备只购买两台,保证网络的安全性与可靠性,核心层设备与地市节点的汇聚设备开成环结构或双链路冗余结构,这样更加保证了网络在汇聚层上的安全性和可靠性。同时由于采用 OSPF 动态路由协议,使核心——汇聚更加具有故障自愈能力,保证了整个系统业务承载的安全、可靠与自动化。

由于未来将全面承载 TMIS、视频会议、财务、办公等相互隔离的业务网,而且有可能 IP 地址重叠,考虑了对现有两种业务及今后多种业务的承载性,一方面节约了投资,因为承载接入设备只用一套;另一方面实现了多业务承载,而且配置相对简单,所有配置均可用 VPN 管理系统图形化完成,大大提高了维护效率,保证了承载业务的安全性。而且,这样的方式开展多种业务非常方便,使多业务承载更容易。MPLS 技术已经在北京、上海、南昌铁路局的铁路数据网实施方案得到全面的运用,均采用 MPLS 多业务承载,保证了方案实施的可靠性。

采用了先进的 MPLS multi-vrf 技术,因此与核心网设备配合可以快速地布署新的业务网络,这使得今后开通新的业务只开需要做一些新业务承载 VPN 的配置工作,而不需要再次投入大量资金购买新设备,一次投入即可满足今后业务发展的要求;在豫南地区 5 个汇聚节点,仍然利用以前办公网项目的 2811 汇聚路由器,只进行板卡的扩容,这样对原有投资进行了充分的利用,提高了项目的投资效益。

在武汉省中心放置两台 Cisco7609 路由器来分别接入千兆光纤环和 MSTP 千兆环,其中一台接入 Internet。双核心避免单台设备的单点故障。对各三级节点传输资源的需求大大降低,并省去了部分传输线路,实现了每个三级节点到两地市的冗余备份。两个地市汇聚点形成组,互相备份,也避免了地市单台设备的单点故障。每两个地市为一组,使用思科 HSRP 协议为三级节点提供可靠接入。中心的核心路由器到各地市汇聚点交换机完全透明传输,并且每个地市都是双链路到中心或通过环网进行保护,之间可以使用动态路由协议来保证链路的冗余和负载均衡。

建成后的武汉铁路局综合 IP 承载网使用独立的自治域(私有 AS 号),所有核心网络设备(包括核心、汇接、边缘)都将位于同一个自治域中,IGP 采用 OSPF 路由协议,用于承载骨干设备的 LOOKBACK 地址和互联地址;而用 MP-BGP 承载各种应用的路由信息,综合 IP 承载网内采用 IBGP,IBGP 采用 1 级 RR。综合 IP 承载网骨干网使用 MP-BGP 在 PE 间传递 MPLS VPN 路由。

对一个大网络来说,选择一个合适的路由协议是非常重要的,不恰当的选择有时对网络是致命的,路由协议对网络的稳定高效运行、网络在拓扑变化时的快速收敛、网络带宽的充分有效利用、网络在故障时的快速恢复、网络的灵活扩展都有很重要的影响。

目前存在的路由协议有:RIP(v1&v2)、OSPF、IGRP、EIGRP、IS-IS、BGP 等,根据路由算法的性质,它们可分为两类:距离矢量(Distance Vector)协议(RIP/IGRP/EIGRP)和连接状态(Link State)协议(OSPF/IS-IS)。

可用于大规模的网络同时又基于标准的 IGP 的路由协议有 OSPF 和 IS-IS。两种路由协议均是基于链路状态计算的最短路径路由协议;采用同一种最短路径算法(Dijkstra)。两种路由协议在实现方法、网络结构上十分相似,均在大型 ISP 网络中得到成功应用。

作为链路状态协议,IS-IS 和 OSPF 有着许多相同的特征:通过维护一个链路状态数据库,使用基于 Dijkstra 的 SPF 路由算法;使用 Hello 包来建立和维护路由器之间的邻接关系;使用域(area)来建立两个层次的网络拓扑。

为解决 iBGP peer 全连接的问题,采用 Internet 常用的 Route Reflector 的技术,初期可采用 1 级 RR(核心 Cisco7609 节点),随着网络的发展和路由的增加,可考虑采用分级 RR 的方式进一步提高扩展性。

建网初期,可将 Global 路由 RR 和 VPNv4 RR 合为一体,随着 MPLS VPN 业务的广泛开展,有可能 VPNv4 的路由条数超过 Global 路由条数,这时国际运行商使用的一个流行的解决方案就是建立专用的 VPNv4 RR,来承载 VPNv4 路由,有效地提高扩展性和可靠性,当发生 BGP 振荡和重新收敛时,如果 RR 承载的路由很多,必定收敛时间延长且 Global 路由和 VPNv4 路由相互影响,建议专用的 VPNv4 RR 可以降低 BGP 收敛时间,提高网络控制层面的性能。

通过结合 VPNv4 路由的控制手段,如基于 Prefix 或基于 Route Target/Community 的 BGP 路由过滤,不相关的 VPNv4 路由不会安装在 PE 路由器上,使全网可支持的 VPNv4 路由条数进一步增加。

实现 Partitioned Route Reflector 有两种方法:

第一种方法时是 VPN-A、VPN-B 的 PE 只与 VPN-A、VPN-B 的 RR 作 Peering,VPN-C 的 PE 只与 VPN-C 的 RR 作 Peering。这种方法配置复杂,管理难度大,每个 PE 的 BGP 配置都可能不一样。

第二种方式是利用基于 route target 的 outbound 过滤,实现 RR 的逻辑分割。Cisco 路由器 RR 支持 bgp rr-group 命令,后接 extended community access list,通过 extended community access list 指定这个 RR 负责哪些 VPN。同时这个 outbound 过滤器下载到各 PE 中。

这种方法简化了 PE 的配置,只需要维护 RR 即可,是解决 BGP VPN 路由扩展问题的理想解决方案。

在实施跨域的 MPLS VPN 时,采用第三种方式(EBGP 交换 IPv4 标签,VPNv4 RR 交换 VPNv4 路由),减少 ASBR 的路由压力。

多协议标志交换(MPLS)技术的提出、Internet 业务量的飞速增长,以及宽带技术的不断出现,对 Internet 服务提供商(ISP)的网络带宽提出了严峻的挑战。这种挑战不仅是对高带宽的要求,也是对目前 Internet 所基于的传统路由交换模式的要求。

MPLS 最初是用来提高路由器的转发速度而提出的一个协议,但是由于 MPLS 在流量工程(Traffic Engeering)和 VPN 这一在目前 IP 网络中非常关键的两项技术中表现,MPLS 已日益成为扩大 IP 网络规模的重要标准。MPLS 协议的关键是引入了标签(Label)的概念。它是一种短的、易于处理的、不包含拓扑信息、只具有局部意义的信息内容。Label 是为了易于处理,通常可以用索引直接引用。

　　MPLS 的一些主要组成包括 Edge LSR(Edge Label Switch Router),LSR(Label Switch Router)和标记(Label)。

　　Edge LSR 负有从非 MPLS 设备接收 IP 包和向这些设备传递标准 IP 包的双重任务。Edge LSR 负责开始的包处理和分类,并分配第一个 Label 等,Edge LSR 的角色是把非标记包转换成标记的包。这种设备可以是任何一种路由器,如 Cisco7500 或 Cisco GSR。

　　LSR 是根据预先计算出的交换表来交换标记包的核心设备。这种设备可以是一台交换机或一台路由器,一台 ATM 交换机也可以具有 MPLS 能力,如果它可以交换基于标记的包,该标记在 ATM VPI/VCI 域中作为正常的 ATM 流量被携带。

　　标记是 LSR 用于转发包的头,该头格式决定于网络的特点。在路由网络中,标记是单独的 32 位头。在 ATM 网络中,LSR 只读取标记,而不读网络层的包头。

　　在 MPLS VPN 技术体制中,MPLS 用以在骨干上转发包,BGP 用以在骨干上分发路由信息。Cisco 遵从 RFC2547 BGP/MPLS VPN,所有 PE(服务商边缘)路由器运行 IBGP 以交换 VPN 信息,包括 VPN-IPv4 地址、路由目标、下一跳和标记。这也就要求所有 PVR(VPN 接入路由器)间的全网状 IBGP 连接。

　　在 MPLS VPN 网络扩展过程中,可以采用路由反射器(RRs)适应 IBGP 全网状相连的要求。Cisco 建议为 MPLS VPN 设置专用的 RR,称之为 VRRs。所有节点的 VPN 接入路由器(PVR),只与 VRRs 建立 BGP 对邻。这种方式可带来以下优势:

　　(1)只有 PVR 需要与 VRRs 对应,这样可使 VRR 有更好的扩展性。

　　互联网的结构变化不会影响 VRRs,同时 VPN 内部需求的变化也不会影响互联网中的 RRs。

　　(2)互联网的 RR 与 VRR 可彼此独立地增长扩展。

　　VRR 的部署非常灵活,在 MPLS VPN 推广的初期如果 PVR 的数量较小,可以忽略VRR。当 PVR 增加时,再加入 VRR;当网络已非常大时,甚至可以采用多 RR 组,每个 RR 组只对某个选定的 MPLS VPN 组提供服务。

　　其他 BGP 中的扩展技术,如 ORF 及路由刷新,也可以被 MP-BGP 采用。这将使 MPLS VPN 具有更进一步的扩展能力。

　　考虑到目前武汉铁路局 IP 网的规模较小,同时考虑到在业务初始阶段,为了便于实施,初期将 RR 和 VRR 放置在同一台设备上,将两骨干核心路由器 Cisco 7609 都作为

RR,使之达到冗余配置。将来业务量大大增加时,可以考虑分别设置 RR 和 VRR,并进行分区设置。

三层 VPN 体系结构主要分成数据面和控制面。数据面定义了 VPN 数据的转发过程;控制面则定义了 LSP 的建立和 VPN 路由信息的分发过程。

在 MPLS 网络中传输的 VPN 数据采用外标签(又称隧道标签)和内标签(又称 VPN 标签)两层标签栈结构,它们分别对应于两个层面的路由:域内路由和 VPN 路由。域内路由即 MPLS 中的 LSP 是由 PE 路由器和 P 路由器通过运行标签分发协议(Label Distribution Protocol, LDP)或资源预留协议(Resource Reservation Protocol, RSVP)建立的,它所产生的标签转发表用于 VPN 分组外层标签的交换。VPN 路由是由 PE 路由器之间通过运行 MP-iBGP 建立的,该协议跨越骨干网的 P 路由器分发 VPN 标签形成 VPN 路由。

在 PE 路由器上除了 VRF 表外,还有 MPLS 路由表,该表用于存放 VPN 标签和子接口的对应关系,为出口 PE 路由器到 CE 路由器之间的数据转发提供依据。

在 MPLS VPN 中,因为采用了两层标签栈结构,所以 P 路由器并不参与 VPN 路由信息的交互,客户路由器是通过 CE 和 PE 路由器之间、PE 路由器之间的路由交互知道属于某个 VPN 的网络拓扑信息。

IP 网中所有节点都具备了支持 MPLS 的高端路由器,能做到基于 RFC2547 的 MPLS-VPN 全面覆盖,并可以在全市范围内实现 EoMPLS 的二层 VPN,在具备条件的地区可以提供 VPLS 业务。

根据多年电信运营商网络建设经验,认为在 MPLS VPN 虽然有着巨大的市场机会,但是在 MPLS VPN 设计时需要注意以下问题:

MPLS VPN 扩展性。MPLS VPN 是由运营商开展的 VPN 业务,其可扩展性将至关重要,在大量的测试和应用中,我们发现 PE 路由器对 VRF 数量的支持是大规模开展 MPLS VPN 业务的重要参数,Cisco 和 Juniper 等著名厂商的路由器产品在这个方面都表现优良。

三层的 MPLS VPN 布署建议。基于 RFC2547 的三层 MPLS VPN 技术已经成熟,并在现有的 IP 网已成功运用。在 IP 核心网中武汉省中心的两台核心 Cisco 7609 作为 IBGP 的 RR,同时也作为 VPNv4 的 RR,对全网的 IPV4 和 VPNv4 做路由反射。由于 IP 承载网的业务主要是通过三层 VPN 方式承载,因此 VPNv4 的 MP-BGP 设计非常重要。

(五)合武线数据网方案

合武线数据网主要承载综合视频监控系统、电视会议业务,并为运调、客服预留网络接入条件。数据网为用户提供 10 M/100 M 的接入手段,在专网专用的结构下,可提供面向连接的网络层专线服务和/或交换型数据业务互联服务。

系统采用 TCP/IP 协议,在 IP 网上构筑不受地域限制,而受应用系统统一策略控制和管理的应用系统专用网络。根据网络资源条件,针对不同的业务网络对安全性、实时性的要求,按服务质量分级提供服务。数据网网管应完成管理信息的交换及安全管理、配置管理、故障管理和性能管理。

1. 网络结构

本线数据网分为汇聚层和接入层两层。

汇聚层在汉口通信站配置一台路由器,与骨干层武汉调度所的接入路由器(由其他工程建设时统一设置调度所接入路由器)、合肥通信站的汇聚路由器(合肥通信站的数据网设备及接入合武线设备所需的板卡、接口、网管终端软件和 License 等由合宁线统一设置)通过 MSTP 系统提供的 POS 155 Mb/s 通道构成连接,实现本线汇聚层数据业务的高速转发。汉口通信站合武线路由器与武汉调度所的接入路由器的连接、开通由集成商负责。

本线车站、综合维修中心、合武及武合铁路公司等节点的数据网承载业务种类都达到或超过了三种,因此采用设置接入路由器构成接入层节点。接入层在合肥站、合肥东、桃花店、合肥西、长安集综合维修中心、长安集、六安、金寨、麻城北、新红安、汉口站、合武铁路安徽有限公司、武合铁路湖北有限责任公司分别设置一台路由器,提供接入功能。节点间的路由器通过 MSTP 系统提供的 POS 155 Mb/s 通道或光纤构成链状加直连的网络结构。

合肥通信站和汉口通信站之间直连的传输通道和与接入层节点互联的传输通道采用不同的传输系统,形成更有效传输系统通道的保护,避免由于传输设备节点故障造成业务中断。

武汉铁路局调度所汇聚路由器由合武线统一设置,本工程汇聚节点汉口通信站的一台汇聚路由器通过 POS 155 Mb/s 通道接入武汉铁路局调度所汇聚路由器。武汉调度所交付使用后,其他工程在调度所设置有路由器,通过 POS 155 Mb/s 通道与汉口通信站的本工程汇聚路由器相连,同时通过 MSTP 系统提供的 POS 155 Mb/s 通道与合肥通信站的路由器相连,实现与合宁线数据网络设备的连通。

承载业务带宽需求按表 8-1 考虑;合武铁路数据网结构如图 8-9 所示。

表 8-1 承载业务带宽需求表

序号	业务名称	承载方式	业务峰值带宽需求	应用方式
1	会议电视	IP 数据网	40 M	带宽共享
2	视频监控	IP 数据网	80 M	带宽共享
3	旅客服务信息系统非视频业务预留	IP 数据网	40 M	带宽共享

序号	业务名称	承载方式	业务峰值带宽需求	应用方式
4	运营调度系统非安全业务预留	IP 数据网	40 M	带宽共享
5	其他业务预留	IP 数据网	40 M	带宽共享
合　计			240 M	

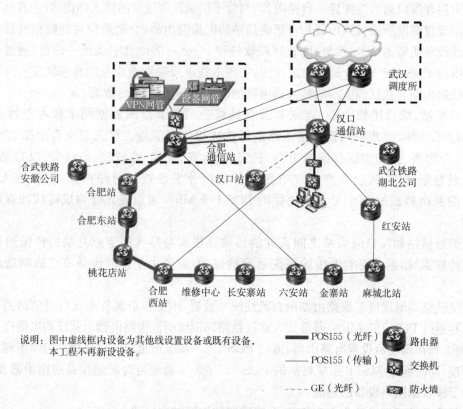

说明：图中虚线框内设备为其他线设置设备或既有设备，本工程不再新设设备。

图 8-9　合武铁路数据网结构

合武线全线数据网设备由合宁线设置的网管系统统一管理，本工程只在汉口通信站设置数据网的远程操作终端硬件设备两台（网络管理系统和 VPN 管理系统），操作终端所需软件由合宁工程统一配置。在汉口通信站设置一台以太网交换机，以太网交换机通过 GE 通道（光纤直连）接入汉口通信站的路由器。

数据网网络管理系统为本线数据网提供配置管理、性能管理、故障管理、安全管理；VPN 管理系统负责 VPN 的配置、监控与图形化管理。

通过 MPLS VPN 为用户提供端到端隔离保证,同时广域网在业务承载保障上,通过启用 MPLS VPN 业务隔离资源弹性保护机制,实现广域网承载的各种业务的共网承载、转发与业务隔离。

本线自治域内部路由,采用 IGP 与 BGP 分离方式,IGP 用来路由网络设备的可达,而 BGP、MP-BGP 用来分发用户的 IP 和 VPN 的路由。IGP 选用 OSPF 或 IS-IS 协议,推荐使用 IS-IS。

可通过 MPLS VPN、VLAN、ACL 方式提供各应用系统之间的安全隔离及访问控制。涉及网络安全的设备(如防火墙、入侵监测设备等)由业务系统自行提供。

2. 系统接口

站场通信线路(如光缆)在车站、段所为各应用系统接入数据网接入层设备提供光纤资源,数据网与站场通信线路的接口位于通信机房(通信站或通信机械室)ODF 架或 ODF 模块上。传输系统为数据网提供 155 Mb/s 广域互联通道,数据网设备的 POS 155 M 光端口与传输设备的 155 M 光端口互联。电源系统为数据网设备提供可靠的 220 V 交流电源,数据网设备通过电源线与电源系统 UPS 交流输出端子互联。数据网为除票务系统、财务管理系统之外的不涉及安全生产、资金往来的相关应用系统提供路由、交换功能,合武及武合铁路公司、车站、段所数据网设备与上述所承载系统的接口位于数据网设备所提供的 100 M 以太网端口上。

数据网络的目标是建立一个集数据、语音、视频服务于一体的多功能、多业务的网络平台。在选择组网方案及网络产品时都首先考虑到其稳定性,在满足稳定性要求的前提下应尽可能兼顾其他原则。所有设备均具有成熟系统软件支持,采用高可靠设计;提供电源备份,处理器和交换背板的备份;模块支持热插拔维护;提供良好的网络自愈和路由冗余功能。

网络设计具有高的安全考虑,通过各种安全措施,确保对网络资源的访问和用户接入实现有效的安全策略。网络设备支持多级管理权限;支持 RADIUS、TACACS+认证机制;支持安全监控和控制机制。当发现存在安全漏洞和遭到攻击时,能及时通知网络管理人员,并自动采取适当的措施予以保护。网络具有良好的扩展能力,满足未来业务增长的需要。系统建设完成投入使用后,能在不影响全网业务的前提下,根据日后实际的业务开展规模进行调整,以确保业务发展不受影响,并保障已有网络的使用。

第二节 网络安全

安全问题是计算机网络的一个主要薄弱环节,安全性正在成为影响网络可用性的主要因素之一,如何有效确保计算机网络的安全已经成了网络设计者、网络管理者及网络用户所共同关注的问题。目前网络存在的威胁主要表现在以下几个方面:

（1）非授权访问。指没有预先经过同意就使用网络或计算机资源，如有意避开系统访问控制机制，对网络设备及资源进行非正常使用或擅自扩大权限、越权访问信息等。

它主要有以下几种形式：假冒、身份攻击、非法用户进入网络系统进行违法操作、合法用户以未授权方式进行操作等。

（2）信息泄漏或丢失。指敏感数据在有意或无意中被泄漏出去或丢失。

它通常包括：信息在传输中丢失或泄漏（如"黑客"们利用网络监听、电磁泄漏或搭线窃听等方式可截获机密信息，如用户口令、账号等重要信息或通过对信息流向、流量、通信频度和长度等参数的分析，推测出有用信息）、信息在存储介质中丢失或泄漏、通过建立隐蔽隧道等窃取敏感信息等。

（3）破坏数据完整性。指以非法手段窃得对数据的使用权，如删除、修改、插入或重发某些重要信息，以取得有益于攻击者的响应；恶意添加、修改数据，以干扰用户的正常使用。

（4）拒绝服务攻击。指它不断对网络服务系统进行干扰，改变其正常的作业流程，执行无关程序，使系统响应减慢甚至瘫痪，影响正常用户的使用，甚至使合法用户被排斥而不能进入计算机网络系统或不能得到相应的服务。

（5）利用网络传播病毒。指通过网络传播计算机病毒，其破坏性大大高于单机系统，而且用户很难防范。

网络安全技术主要有以下几种：

（1）入侵检测技术。入侵检测技术（IDS）可以被定义为对计算机和网络资源的恶意使用行为进行识别和相应处理的系统，包括系统外部的入侵和内部用户的非授权行为。它通过对计算机网络或计算机系统中的若干关键点收集信息并对其进行分析，从中发现网络或系统中是否有违反安全策略的行为和被攻击的迹象，并提供实时报警。

（2）防火墙技术。防火墙技术是一种用来加强网络间访问控制，防止外部网络用户以非法手段进入内部网络访问网络资源，以保护内部网络操作环境的特殊网络互联技术。它对两个或多个网络之间传输的数据包和链接方式按照一定的安全策略实施检查，以决定网络之间的通信是否被允许，并监视网络运行状态。

（3）网络加密和认证技术。网络信息加密的目的是保护网内的数据、文件、口令和控制信息，保护网上传输的数据。网络加密常用的方法有链路加密、端点加密和节点加密三种。链路加密的目的是保护网络节点之间的链路信息安全；端点加密的目的是对源端用户到目的端用户的数据提供加密保护；节点加密的目的是对源节点到目的节点之间的传输链路提供加密保护。

（4）网络防病毒技术。在网络环境下，计算机病毒具有不可估量的威胁性和破坏力。如果不重视计算机网络防病毒，那可能给社会造成灾难性的后果，因此计算机病毒的防范也是网络安全技术中重要的一环。网络防病毒技术的具体实现方法包括：预防病毒、检测病毒和消除病毒三种技术。

(5)网络备份技术。备份系统存在的目的是尽可能快地全面恢复运行计算机系统所需的数据和系统信息。根据系统安全需求可选择的备份机制有：场地内高速度、大容量自动的数据存储、备份与恢复；场地外的数据存储、备份和恢复，对系统设备的备份。

　　网络必须拥有足够的安全措施。无论是局域网还是广域网，网络的安全措施应能全方位地针对各种不同的威胁和网络本身的脆弱性，只有这样才能确保网络信息的保密性、完整性和可用性，保证维护网络的正常运行。

　　本章小结：铁路局 IP 数据网是内部专用的"互联网"，组网基于 TCP/IP 技术，用于实现铁路局、各站段到各中间站、车间、班组的办公联网系统、视频会议系统、远程监视系统、监测系统、铁路信息系统、运输指挥管理系统、行车安全监测系统等不同系统的接入，为铁路信息化建设提供通道承载服务。

 **思考题**

1. 简述高速铁路数据网的构成。
2. 试分析各铁路局高速铁路数据网的组网方案。
3. 常用的网络安全技术有哪些？

第九章
移动通信系统

本章提要：本章系统介绍了 GSM-R 系统的发展、结构、功能应用和 CIR 设备。

第一节　GSM-R 系统概述

一、GSM-R 系统的发展

GSM-R 铁路综合调度移动通信系统，专用于铁路的日常运营管理，是非常有效的调度指挥通信工具。GSM-R 主要技术是基于分组数据的通信方式，实现在 GSM Phase2＋的规范协议的高级语音呼叫功能，如组呼、广播呼叫、多优先级抢占和强拆业务，还加入了基于位置寻址和功能寻址等功能，适用于铁路通信特别是铁路专用调度通信的需要。主要提供无线列调、编组调车通信、区段养护维修作业通信、应急通信、隧道通信等语音通信功能，可为列车自动控制与检测信息提供数据传输通道，并可提供列车自动寻址和旅客服务。

1993 年国际铁路联盟(UIC)与欧洲电信标准组织(ETSI)协商，提出了欧洲各国铁路下一代无线通信以 GSM Phase 2＋为标准的 GSM-R 技术，这一提议在 1995 年经 UIC 评估并最终确认。1997 年，24 个国家的 32 个组织共同签署了谅解备忘录，决定采用 GSM-R 作为铁路专用通信技术，并至少要将 GSM-R 用于过境运输通信。欧洲 GSM-R 系统的成功运用，为我国铁路通信信号技术发展提供了良好的技术借鉴。

二、GSM-R 系统的常用设备

GSM-R 系统的常用设备由网络设备、固定设备、终端设备组成。网络设备商有西门子、北电和华为等，三个厂商在 GSM-R 都有着丰富的工程经验。西门子在运输、车辆、通信信号等交通领域综合实力很强，其 GSM-R 设备已经应用在瑞典、荷兰、英国等国家，以及我国各大铁路线上。北电网络公司的 GSM-R 设备已应用到德国、法国、英国等国家和我国青藏铁路等。华为公司是国内能够提供 GSM-R 成套设备的厂商，其设备已应用于大秦铁路等。

GSM-R 固定用户接入交换机(FAS)供应商有北京佳讯飞鸿公司、北京中软公司、济南天龙公司等,他们完成了和 GSM-R 交换子系统的互联互通。

GSM-R 终端设备供应商有法国萨基姆、奥地利卡普施电信公司、英国马可尼公司和北京中电华大公司等。萨基姆和马可尼公司提供 GSM-R 手机和模块;卡普施公司提供 GSM-R 模块;北京中电华大公司提供 GSM-R SIM 卡和 SIM 卡管理维护系统。另外,国内已有 11 家机车综合通信设备供应商,实现了与 GSM-R 网络的互联互通。

GSM-R 科研单位有铁路总公司 GSM-R 实验室、北京交通大学和中国铁道科学研究院等,这些科研单位承担了铁路总公司一系列科研项目,取得了很多研究成果。

GSM-R 设计单位有第一、第二、第三、第四铁道勘测设计院、北京全路通信信号研究设计院有限公司和电气化局设计院。

参与 GSM-R 施工的单位有 20 多个工程局,GSM-R 验收单位有电气化局测试中心、中国铁道通信信号上海电信测试中心、铁路总公司 GSM-R 实验室。

铁路局通信段可以为 GSM-R 的建设和发展提供可靠的传输网、同步网,在无线列调和有线调度通信方面有着丰富的运营维护经验,对铁路运输行业、现代铁路的通信要求有着深刻的认识。经过 GSM-R 人才队伍的培养,能够承担 GSM-R 运营和维护工作。

三、我国 GSM-R 系统的发展目标

GSM-R 系统进入我国已有十多年的时间,经过对理论、技术、实施等各方面重、难点的突破,已经在我国建成了多条 GSM-R 线路且目前各方面运行良好。根据《中长期铁路网规划》的安排,扩大建设规模,完善路网结构,快速扩充运输能力和提高铁路装备水平,至 2020 年,全国铁路营业里程要求达到 10 万 km,其中:客运专线 1.2 万 km;复线铁路 5 万 km;电气化铁路 5 万 km。铁路建设和发展的核心是"铁路网络",铁路装备应使铁路网安全、可靠、高效地发挥作用,首先应具备"网络要素"。GSM-R 技术顺应时代的发展,其固有的"网络"特性,是铁路信息化和自动化发展的基础。目前我国使用 GSM-R 系统的铁路有数十条线路,最开始作为试验线的是:有"世界屋脊"之称的青藏铁路;以运输煤矿业务为主的大秦线;具有中国特定城镇环境的胶济线。随着试验线路的正常运行,我国铁路正在高速发展,越来越多的线路将采用 GSM-R 系统控制,包括一些既有线也要由 450 MHz 的集群系统改造成 GSM-R 系统。

第二节 GSM-R 系统网络结构

一、GSM-R 系统的网络结构

铁路 GSM-R 数字移动通信系统是铁路专用移动通信网,是直接为铁路运输生产和铁路

信息化服务的综合通信平台。GSM-R 系统主要包括:网络子系统(NSS)、基站子系统(BSS)、运行与支持子系统(OSS)和终端设备等四个部分。图 9-1 为 GSM-R 系统内部结构。

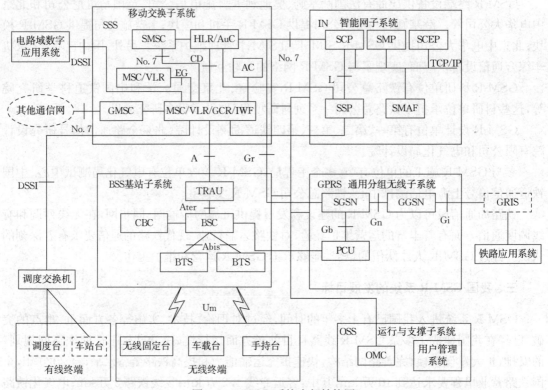

图 9-1　GSM-R 系统内部结构图

(一)网络子系统

包括移动交换子系统(SSS)、移动智能网(IN)子系统和通用分组无线业务(GPRS)子系统。

1. 移动交换子系统(SSS)

主要完成用户的业务交换功能,完成用户数据与移动性管理、安全性管理。

(1)移动业务交换中心(MSC)

MSC 是 NSS 的核心,包含了网络的所有交换功能,但是比固网的交换机功能更多,包括了移动用户位置登记与更新、小区切换、对无线资源进行管理、处理用户的交换功能、对呼叫进行统计、对信息进行加密、短消息的传送等。

(2)拜访位置寄存器(VLR)

当一个用户进入一个 MSC 内的小区时,需要进行位置登记,临时行的,当用户脱离此

MSC 管辖范围后,HLR 就将其信息删除。类似于临时的暂住证一样,在某个地方,临时取得暂住证,将自己的各种信息登记,当离开某地后,就地取消。一般 VLR 与 MSC 在一个机框内,属于 MSC 的一部分使用。

(3)归属位置寄存器(HLR)

HLR 是一个用户的数据库,包含了所有移动用户的信息(如用户手机号码、开通了什么业务、用户有无业务限制、是否开通了漫游、本地、来显等,还包括用户在哪个 MSC 中,在哪个小区等),类似于我们的居住地的个人档案一样,当一个用户进入某个 MSC 管内时,VLR 中没有这个用户的信息,那么他将向 HLR 索要这个用户的一切相关信息。

(4)鉴权中心(AuC)

AuC 对用户进行鉴权,主要是考察 SIM 卡的合法性。在用户要使用网络的时候,AuC 会给用户发送一个鉴权参数,手机收到该参数后,SIM 将会进行运算,得到一个响应结果,再将这个结果送回 AuC 进行判定,如果结果正确,说明这个用户是合法用户,可以连接入网络;如果不正确,说明该用户非法,鉴权没有通过。

(5)互联功能单元(IWF)

互联功能(IWF)是与 MSC 有关的一个功能实体,提供 GSM-R 网络与其他固定网络的互联,IWF 常与 MSC 在同一物理设备中实现。

(6)短消息服务中心(SMS-SC)

短消息服务中心(SMS-SC)作为一个独立的实体存在于 NSS 中,它负责向 MSC 传送短消息信息。SMS-SC 不包含在 MSC 设备中。SMS-SC 与移动用户进行通信时,通过 SMS-GM-SC(网关 MSC)接入。

(7)组呼寄存器(GCR)

组呼寄存器(GCR)用于存储移动用户的组 ID。移动台利用语音组呼(VGCS)参考和语音广播(VBS)参考发起呼叫的小区信息,以及发起呼叫的 MSC 是否负责处理呼叫的指示。如果发起呼叫的 MSC 不负责处理呼叫,那么 GCR 将利用存储的路由信息寻找处理呼叫的 MSC。一个 GCR 管理一个或多个 MSC,当 MSC 处理语音组呼和语音广播时,要利用语音组呼和语音广播呼叫参考从 GCR 中获取相应的属性。

(8)确认中心(AC)

确认中心(AC)记录、存储铁路紧急呼叫的相关信息。

2. 移动智能网(IN)子系统

主要是在 SSS 中引入的智能网功能实体,将网络交换功能和业务控制功能相分离,实现对呼叫的智能控制。IN 包括:GSM 业务交换点(gsmSSP)、GPRS 业务交换点(gprsSSP)、智能外设(IP)、业务控制点(SCP)、业务管理点(SMP)、业务管理接入点(SMAP),以及业务环境接入点(SCEP)等设备。

（1）业务交换点（SSP）

业务交换点（SSP）负责检测智能业务的请求，与SCP通信，对SCP响应，允许SCP影响处理。可与MSC合设，也可分设。SSP可以分为处理GSM业务的智能业务交换点gsmSSP和处理GPRS业务的智能业务交换点gprsSSP。

（2）业务控制点（SCP）

业务控制点（SCP）负责接收SSP发出的指令，执行业务逻辑，实现业务控制功能，存储业务逻辑和网络、用户数据。

（3）业务管理点（SMP）

业务管理点（SMP）负责管理SCP中的业务逻辑和用户数据。

（4）业务管理接入点（SMAP）

业务管理接入点（SMAP）负责智能业务管理接入功能，主要实现人机对话的接入点。

（5）业务环境接入点（SCEP）

业务环境接入点（SCEP）负责开发、生成GSM-R智能网业务，并对这些业务进行测试和验证，将验证后的智能网业务的业务逻辑、管理逻辑和业务数据等信息输入到SMP中。

3. 通用无线分组数据业务（GPRS）子系统

负责为无线用户提供分组数据承载业务。主要包括：服务GPRS支持节点（SGSN）、网关GPRS支持节点（GGSN）和分组控制单元（PCU）。

（1）GPRS服务支持节点（SGSN）：负责用户移动性管理、寻路等功能。

（2）GPRS网管支持节点（GGSN）：为GPRS网与外部数据网相连的网关。

（3）分组控制单元（PCU）：负责数据分组、无线信道管理、错误发送检测和自动重发。

（二）基站子系统（BSS）

通过无线接口直接与移动台相接，负责无线信号发送、接收和无线资源管理。与MSC相连，实现移动用户之间或移动用户与固定网络用户之间的通信连接，传送系统信号和用户信息等。基站子系统（BSS）主要由基站收发信机（BTS）和基站控制器（BSC）构成。BTS可以直接与BSC相连，也可以通过基站接口设备（BIE）采用远端控制的连接方式与BSC相连接。此外，基站子系统为了适应无线与有线系统，使用不同传输速率进行传输，在BSC与MSC之间增加了码变换器（TRAU）及相应的复用设备。

1. 基站控制器（BSC）

主要负责对无线侧的功能。具有对一个或多个BTS进行控制的功能。实际上它是一台具有强处理能力的小型交换机，主要负责无线资源管理（采用哪个频率、通信信道的安排、同步、执行小区间的越区切换等）、功率控制等功能，是个很强的业务控制点。

2. 基站收发信机（BTS）

BTS是无线接口设备，完全由BSC控制，主要负责无线传输，完成无线与有线的转换、无线分集、无线信道加密、跳频等功能。基站收发信机包括天线和基站主设备。基站主设备包括载频单元、双工器、耦合器等。图 9-2 为基站天线外观,图 9-3 为基站主设备外观。

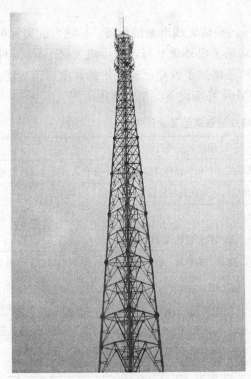

图 9-2 基站天线外观图

图 9-3 基站主设备外观图

基站主设备包括双工器、耦合器和载频单元。

双工器的主要工作是保障收发的分开,并完成滤波和放大的作用。

耦合系统是天线与每个小区的收发信机之间的接口。耦合器用于接收端,合路器用于发射端。耦合器将接收到的无线信号分为几路给不同的接收机;合路器则将几路从不同发射机过来的射频信号合为一路到天线发射。

载频单元 TRX 是 BTS 中最主要的设备。一台 TRX 管理着一个 TDMA 帧,也就是说管理 8 个物理信道。TRX 的功能有:进行编码、加密、调制,然后将射频信号馈送给天线,将信号解密、均衡,然后解调、移动呼叫检测、上行链路信道测量、定时提前量的测量及跳频。

(三)运行与支持子系统 OSS

这就是我们所说的网管系统,由通信段负责维护 GSM-R 网络,其主要功能为以下几点:

(1)对交换网、智能网、GPRS 系统、基站、直放站等设备进行网管功能。

(2)对用户识别卡进行管理。

(3)计费、结算、营账、客服等功能,均由软件实现。

(四)移动终端

移动终端是指用户端把所需传送的信号转换成无线电波的设备。移动台的类型可分为车载台、便携台和手机。专门用于 GSM-R 网络的手机外观上与普通手机大同小异,这种手机除了能像普通 GSM 手机那样进行语音通话外,还增加了铁路运输专用的调度通信功能,甚至能够无线传输图像和数据信息。表 9-1 为 GSM-R 终端设备类型及适用范围。

表 9-1 GSM-R 终端设备类型及使用范围

终端设备类型	用户类型及范围
作业手持台 OPH	用于列车上及车站、编组站、沿线区间及其他铁路作业区的各工种工作人员话音和数据通信
通用手持台 GPH	用于铁路工务人员、与铁路业务相关的人员话音和数据通信
调车手持台 OPS	用于编组场调车作业话音和数据通信
固定无线台	用于区间、站场各类信息点、业务点通用数据传输或话音通信
机车综合通信设备	用于运营机车(动车组)、救援机车、维修检测机车、编组场调车机车、轨道车等机车司机话音通信和通用数据传输
列控机车台	用于运营机车(动车组)、救援机车、维修检测机车、编组场调车机车、轨道车等机车与地面控制中心之间的安全信息传输
机车同步操作机车台	用于分布动力重载列车本务机车和补机车之间的同步操作数据传输
汽车车载台	用于各工种维护维修用车辆的话音和数据通信
列尾通信设备	用于列车尾部风压及控制信息传输
调度终端	用于各工种调度所调度员、值班室值班员的话音和数据通信
车站终端	用于车站(场)值班员、其他工种值班员的话音和数据通信
有线电话	需要纳入 GSM-R 网络的固定电话用户

二、我国 GSM-R 系统的网络规划

(一)核心网规划

核心网络规划包括:移动交换网、智能网、GPRS、GSM-R 与外网的接口等。

1. 移动交换网

(1)GSM-R 核心网络

GSM-R 核心网络采用二级网络结构,其设置如图 9-4 所示,包括移动汇接网和移动本地

网。移动汇接交换中心设立 TMSC 和 MSC;GSM-R 系统设立专用移动汇接网。将全网划分为北京、武汉、西安 3 个大区,设置 3 个 TMSC,TMSC 之间网状连接。GSM-R 移动本地网由MSC、GMSC 和 HLR 等设备组成。

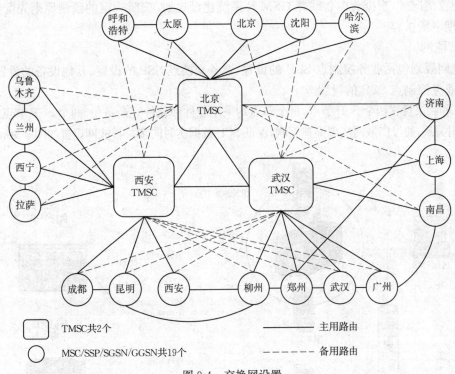

图 9-4 交换网设置

(2)网关局(GMSC)

与 MSC 同址设置,作为与其他网间的互联互通点。网络建设初期由移动端局 MSC 兼任,当网络规模和业务量达到一定程度时,可考虑独立设置。

(3)HLR 的设置

全路在北京和武汉设置两个 HLR,采用地理冗余成对配置,北京主用,武汉备用,成对的两个 HLR 间实时数据复制。容量按照全网 MSC 用户容量的 120%~150% 进行配置,确定HLR 容量为 800 000 用户,远期可进行扩容。

(4)短消息服务中心(SMSC)

在北京、武汉分别设置一套 SMSC,并互为备用。根据全路 19 个 MSC 的用户容量,按每用户每天发送 3 条短信的话务模型,确定 SMSC 容量为 40 万 BHSM,远期可根据全路 GSM-R 系统建设的情况进行扩容。

（5）紧急呼叫确认中心（AC）

在 MSC 所在地各设置一套 AC 记录存储设备，对紧急呼叫的相关信息进行记录、储存。

交换机容量按照用户预测配置，主要考虑各铁路局现有岗位和职工数量、机车数量、现有手持台配置情况等，根据管内各线路 GSM-R 系统建设规划，按照一定的预测原则先配置近期容量，远期平滑扩容。

2. 智能网

智能网规划包括业务控制点 SCP 的设置、业务交换点 SSP 的设置、其他设备的设置等。

（1）业务控制点 SCP 的设置

北京和武汉设置两个 SCP 节点，每个节点均采用硬件和软件冗余备份，两个 SCP 节点之间建立主、备用关系，通过广域网实现高速互联，保证 SCP 数据实时同步。智能网设置如图 9-5 所示。

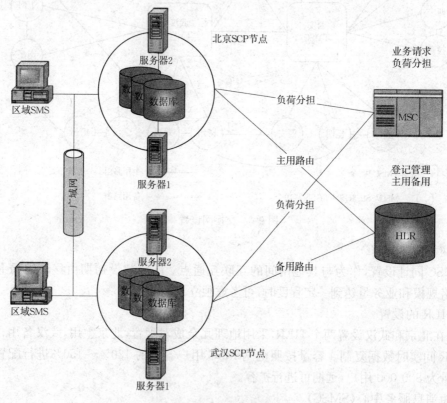

图 9-5　智能网设置

（2）业务交换点 SSP 的设置

SSP 是受 SCP 指令控制起接续作用的部件，SSP 与 MSC 合设。

（3）其他设备的设置

IP、SMS 和 SCE 在建网初期暂不配置。

3. GPRS

GPRS 网络建设包括 GPRS 数据网和 GPRS 节点两部分。GPRS 设置如图 9-6 所示。

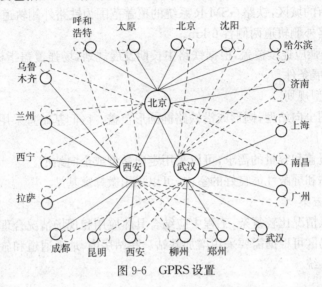

图 9-6 GPRS 设置

（1）GPRS 数据网

GPRS 数据网分为骨干网和本地网两个层次。骨干层由北京、武汉、西安 3 个大区节点的骨干路由器组成，为网状连接。本地层由 19 个 GPRS 业务节点所在地的路由器组成。本地层路由器与骨干层路由器互联。为保证网络的可靠性，每个本地网节点的本地路由器成对设置，分别接入不同的骨干网节点。

（2）GPRS 节点的设置

北京、武汉各设置一套全网服务器，全路共享。北京、武汉、西安设骨干层路由器，在铁路局所在地及拉萨等地新设 19 个 GPRS 节点（GGSN、SGSN）。

（二）无线网规划

GSM-R 无线网络规划目标为铁路沿线和枢纽地区（包括合资铁路和地方铁路）连续覆盖。

1. 基站控制器 BSC 与码速变换器 TRAU 的设置

（1）BSC 设置原则：铁路枢纽地区 BSC 与 MSC 同址设置，铁路干线和没有 MSC 的枢纽，BSC 宜设置在较大的通信站。为减少 BSC 间的切换，各 BSC 所控制的区域应相对集中，不跨铁路局管界。各 BSC 负荷应留出网络优化时调整的余量。

（2）TRAU 设置原则：TRAU 与 MSC 同址设置，并根据工程实际容量配置设置。

2. 基站设置

（1）覆盖区范围和场强要求

应保证基站辐射场强的有效覆盖范围，覆盖范围为工程设计的铁路作业区，在直辖市、省会城市和计划单列市的城区，铁路 GSM-R 系统的覆盖范围为铁路外侧轨道两侧各 2 km，其他地域覆盖范围为铁路外侧轨道两侧各 6 km。

铁路 GSM-R 场强应连续覆盖，根据铁路中长期发展规划，场强覆盖指标应符合具体业务需求，并预留远期发展条件。

（2）不同地区站型规划

车站基站宜采用全向站型，圆形或沿铁路椭圆形覆盖。区间基站宜采用全向站型，沿铁路椭圆形覆盖。

枢纽地区根据覆盖和容量的需求，可以采用定向站型或全向站型。

在铁路枢纽车站和屏蔽性能良好的室内，可以采用微蜂窝基站。

（3）弱场区解决方案

铁路无线弱场区情况比较复杂，工程中应结合具体应用和现场情况合理选择以下方案：山区、隧道、路堑等弱场区可根据需要采用增加基站。在站房内、地下通道和旅客车厢内，可根据需要采用室内分布系统。

三、GSM-R 系统的编号计划

GSM-R 编号按照《GSM-R 数字移动通信网编号计划（V2.0）》科技运〔2006〕119 号执行。码号资源由数字、符号组成，用于实现电信功能的用户编号和网络编号。遵循国际标准对电信码号的长度、结构。为合理利用码号资源，需要编制编号计划。

我国铁路 GSM-R 网络内包括以下类型的号码：

（1）国内 GSM-R 网络用户号码。用于同一国家 GSM-R 网络内注册的用户之间的呼叫。

（2）国际 GSM-R 网络用户号码。用于不同国家 GSM-R 网络内注册的用户之间的呼叫。

（3）短号码。用于 GSM-R 网络内快速拨号。

（4）引示号。用于 GSM-R 网络用户呼叫其他网络用户的分隔码。

（5）移动用户及固定用户号码。用于 GSM-R 网络用户之间、其他通信网络的用户与 GSM-R 网络用户之间的呼叫。

（6）特服号。用于特服业务呼叫。

（7）GSM-R 网络设备编号。用于标识 GSM-R 网络设备。

（8）IP 地址。用于 GSM-R 网管设备、GPRS 网络设备及终端设备的 TCP/IP 寻址。

（9）信令点编码。用于采用 NO.7 信令方式的信令点寻址。

1. 国内 GSM-R 网络用户号码

用于在同一 GSM-R 网络内注册的用户之间的呼叫。国内 GSM-R 网络用户号码的结构如图 9-7 所示。

(1)呼叫类型(CT)

用来区分 GSM-R 网络内不同类型的呼叫,提示网络如何解释所拨打的号码。由 1～3 三个数字组成,其定义见表 9-2。

图 9-7　国内 GSM-R 网络用户号码的结构

表 9-2　呼叫类型形式

呼叫类型 CT	用　途	呼叫类型 CT	用　途
1	短号码	7	调度用户功能号码
2	车次功能号	8	移动用户号码 MSISDN
3	机车功能号	900	接入国际 GSM-R 网络
4	车号功能号	901	接入铁路专用电话网
50	语音组呼	902～909	预留
51	语音广播	91	FAS 网络用户号码 ISDN
52～55	保留国际使用	92～98	预留
56～59	保留国内使用	99	保留公众紧急呼叫
6	维修、调车组成员	0	接入 PSTN、PLMN

(2)用户号码(UN)

由用户识别号码(UIN)和功能码(FC)组成,UN 的长度依据它所包含的信息多少而变化。

用户识别号码(UIN)必须是以下号码之一:车次号、机车号、车号、调车组位置号码、维修组位置号码、调度员和值班员位置号码、组位置号码和移动用户号码(MSISDN)——移动用户的 ISDN 号码。

功能码(FC)是一种识别号,用来识别列车上或站场内的人员、设备或某给定区域内的特定编组。

举例说明:CT＝6 维修及调车组成员功能码,此时 UN＝－LN＋FC＝ $L_1L_2L_3L_4L_5$(全路统一分配)＋ TY××＝78(HLR 号码)3(位置类别为车站/场)45(位置区编号)5(T 编组类型:调车组)0(Y 组成员功能:调车司机)12(××为组编,调车组编号)。

2. 国际 GSM-R 网络用户号码

国际 GSM-R 网络用户号码用于跨国 GSM-R 网络之间的呼叫,在国内 GSM-R 网络号码

143

前附加前缀作为路由码。国际 GSM-R 网络用户号码由两部分组成：国际代码(IC)和国内 GSM-R 网络号码。国际 GSM-R 网络用户号码结构如图 9-8 所示。

图 9-8　国际 GSM-R 网络用户号码结构

国际代码(IC)即铁路 GSM-R 接入码(RAC)，用于将呼叫路由到其他国家 GSM-R 网络，最多由三位数字组成，基于国家码 XCC/CCC，并符合 ITU-T E.164 的规定。中国铁路 GSM-R 网络国际代码(IC)＝086(需向 UIC 申请确认)。

3. 短号码

短号码用于 GSM-R 网络内快速拨号。对某些功能，终端应使用标准短号码发起呼叫。短号码应由 4 位数字组成，第 1 位数字应为 CT＝1。短号码应在全国范围内统一定义，但某些号码必须作为国际通用号，以实现互联互通。例如：短号码 1200 表示连接最适当的列车调度员。GSM-R 短号码及功能说明见表 9-3。

表 9-3　GSM-R 短号码及功能说明

短号码	功能说明	短号码	功能说明
1000	试验号	1800	调车无线机车信号无线传输业务节点
1001	障碍申告台	180×	保留国内使用
10××	保留国内使用	1810	机车同步操作无线传输业务节点
11××	保留特服号使用	181×	保留国内使用
1200	连接最适当的列车调度员	182×	保留国内使用
12××	保留国内使用	184×～189×	保留国内使用(机务)
1300	连接最适当的车站值班员	190×	保留国内使用(货运)
13××	保留国内使用	191×	保留国内使用(牵引供电)
1400	连接最适当的牵引供电调度员	192×	保留国内使用(客运)
14××	保留国内使用	193×	保留国内使用
1500	连接最适当的 CTCS RBC	194×	保留国内使用
15××	保留国内使用	195×	保留国内使用(工务)
1612	高优先级呼叫确认中心	196×	保留国内使用(电务)
16××	保留国际使用	197×～199×	保留国内使用
1700	司机安全设备		
17××	保留国际使用		

4. 引示号

用于 GSM-R 网络用户呼叫其他网络用户的分隔码。例如：接入到铁路专用固定电话网，需要使用引示号"901"，然后是被叫方完整的电话号码。当 GSM-R 网络允许授权用户接入国内公众电信网，应使用引示号"0"，然后是被叫方完整电话号码。

5. 移动用户及固定用户号码

移动用户及固定用户号码用于 GSM-R 网络用户之间、其他通信网络的用户与 GSM-R 网络用户之间的呼叫。

（1）移动用户号码

与移动用户有关的号码包括：MSISDN 号码、国际移动用户识别码（IMSI）、临时移动用户识别码（TMSI）、移动用户漫游号码（MSRN）。前面已介绍，在这里简单介绍。

MSISDN 号码符合 GSM 技术规范〔GSM 03.03〕的规定，其号码结构为：CC＋NDC＋SN。我国国家代码 CC 为 86；NDC（$N_1 N_2 N_3$）为 GSM-R 国内目的代码，暂定为 149；SN 号码长度暂定为 8 位，结构为：$H_0 H_1 H_2$＋ABCDE。$H_0 H_1 H_2$ 为 HLR 的识别号，其中 H_0＝CT＝8，$H_1 H_2$ 为铁路调度通信网络长途区号，例如铁路总公司为 $H_1 H_2$＝20，北京铁路局为 $H_1 H_2$＝21。按照调度网的编号规则，为各工种分配移动用户号码 ABCDE，其中预留 00000 为 HLR 识别号。

国际移动用户识别码（IMSI）号码总长度为 15 位，其号码结构为：MCC＋MNC＋MSIN。其中：MCC＝460，MNC 暂定为 20，需向中华人民共和国工业和信息化部申请。MSIN 为 $H_0 H_1 H_2 S \times \times \times \times \times \times$，$H_0 H_1 H_2$ 与 MSISDN 号码中的 $H_0 H_1 H_2$ 相同，S 为 MSISDN 号码中的 NDC 的末位。

为了对 IMSI 保密，VLR 可给来访移动用户在位置登记（包括位置更新）后或激活补充业务时，分配一个唯一的 TMSI 号码，它仅在本地使用，为一个 4 字节的 16 进制编码。移动用户的 TMSI 与 IMSI 是对应的，在呼叫建立和位置更新时，空中接口传输使用 TMSI。

移动用户漫游号码（MSRN）的结构为：NDC＋0＋$M_0 M_1 M_2$＋ABCD。其中：NDC＋0 为漫游号码标记，$M_0 M_1 M_2$ 为漫游地 MSC 端局号码，与 MSISDN 号码中的 $H_0 H_1 H_2$ 相同，即 M_0＝8，$M_1 M_2$＝$H_1 H_2$。ABCD 为漫游地 MSC 临时分配给用户的漫游号码。

（2）固定用户号码

FAS 网络用户 ISDN 号码结构为：CC＋NDC＋SN，其中：CC、NDC 同 MSISDN 号码。SN 号码长度暂定为 9 位，结构如下：$C_1 C_2 H_1 H_2$＋ABCDE。$C_1 C_2 H_1 H_2$ 为 FAS 的识别号，其中 $C_1 C_2$＝CT＝91，$H_1 H_2$ 为铁路调度通信网络长途区号，同 MSISDN 号码。

6. 特服号

用于特服业务呼叫，可以路由到铁路内部机构和组织，也可以路由到公众机构或组织。

在 GSM-R 网络中占用短号码部分资源，开通如下特服号码：

（1）障碍申告 112。

（2）电话查号业务 114。

（3）事故救援 117。

（4）面向社会的公众紧急呼叫，包括 110、119 和 999。

7. GSM-R 网络设备编号

用于标识 GSM-R 网络设备。网络设备编号包括 MSC/VLR/GCR/SSP、HLR/AuC、SCP、SMSC 识别码、位置区识别码 LAI、全球小区识别码 CGI、基站识别码 BSIC、漫游区域识别码 RSZI、国际移动设备识别码 IMEI。

8. IP 地址

用于 GPRS 网络设备、终端设备及网管设备的 TCP/IP 寻址。GSM-R 网络中 IP 地址主要包括 GPRS 网络中网络设备和用户的 IP 地址两部分。

（1）分配范围

GPRS 网络设备、GPRS 用户终端、GSM-R 网管设备。

（2）分配原则

①内部专网使用 RFC1918 规范中规定的私有 IP 地址，采用铁路计算机网络 IP 地址段。

②采用结构化、层次化的地址分配方式。各个层次的地址空间中都要有充分的预留。

③各铁路信息系统的 GPRS 通信服务器 IP 地址应由各信息系统分配。

（3）地址分配

①GPRS 网络设备及终端：10.12.0.0——10.15.127.255。

②GSM-R 网络管理设备：10.15.128.0——10.15.255.255。

9. 信令点编码

用于采用 NO.7 信令方式的信令点寻址。NO.7 信令网由信令转接点（STP）、信令点（SP）及信令链路构成，节点均需要分配信令点编码，以作为传送信令点寻址用。要做统一规划及分配，不宜修改。

（1）信令点编码格式

①中国标准的 24 位信令点编码。

②14 位信令点编码（内部定义）：GSM-R BSC、GPRS PCU。

（2）信令点编码方案

信令点编码方案＝主信令区编码＋分信令区编码＋信令点编码。

①信令区编码：主信令区编码 042；分信令区编码 251、252、253、254 和 255，使用顺序由后向前。

②信令点编码：信令点编码见表 9-4。

表9-4 信令点编码

信令点[二(十)进制]	使 用 规 定	信令点[二(十)进制]	使 用 规 定
00000000(0)	暂不使用	(83~93)	HLR/AuC
(1~10)	信令转结点及其连接的特种服务中心	(94~104)	SCP
(11~20)	独立 TMSC	(105~135)	SGSN
(21~51)	MSC/VLR/GCR/SSP	(136~146)	MSC
(52~82)	独立 GMSC	(147~255)	其他

10. GSM-R 网络编号计划特征

(1)每个用户具有两个号码

①用户号码:移动用户 MSISDN 号码、固定用户 ISDN。

②功能号码:车次功能号、机车功能号、调度员功能号等。

(2)短号码和特服号

①短号码:例如 1200、1300,采用基于位置的寻址方式。

②特服号:占用部分短号码资源,例如 114、117、119、110 等。

(3)组呼和广播呼叫号码

①组呼和广播呼叫是调度通信特有的业务。

②应用具有部门特征和区域特征。

(4)位置号

①标识用户所在位置,全路统一分配。

②调度区位置号、车站辖区位置号、编组站(场)辖区位置号等。

(5)智能网平台的应用

①基本业务:功能号的注册注销管理、FA(CT=2、3、4、6)、LDA、eLDA。

②扩展业务:基于位置的呼叫限制、基于 MSISDN 号码的呼叫限制、短信的智能业务、基于车次功能号的动态组呼。

第三节 GSM-R 相关系统的功能与应用

一、GSM-R 系统的功能

GSM-R 是专门为铁路通信设计的综合专用数字移动通信系统,它基于 GSM 的基础设施及其提供的 ASCI(先进语音呼叫业务),其中包含 eMLPP(增强型多优先级与强拆)、VGCS(语音组呼)和 VBS(语音广播),并提供铁路特有的调度业务,包括:功能寻址、功能号表示、接入矩阵和基于位置的寻址,并以此作为信息化平台,使铁路部门用户可以在此信息平台上开发各种铁路应用。图 9-9 为 GSM-R 系统的业务模型层次结构示意图,因此,GSM-R的业务模型可以概括为:GSM-R 业务＝GSM 业务＋语音调度业务＋铁路基本业务＋铁路应用。

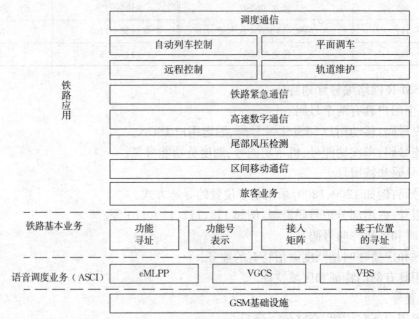

图 9-9   GSM-R 系统的业务模型层次结构示意图

1. GSM 业务

GSM 业务包括:电信终端业务、电信承载业务和补充业务。

2. 语音调度业务(ASCI)

(1)eMLPP

对各种铁路业务预先定义成 7 个业务等级,分别是 A、B、0、1、2、3 和 4 级,并将设置存放在 HLR 中。当网络出现无空闲业务信道状态时,高优先级呼叫可立即打断低优先级呼叫。

(2)VGCS

指主叫用户呼叫属于预定义组呼区和组 ID 的被叫用户。在 VGCS 中需要预先设置调度员和业务用户。所有业务用户在组呼进行当中只占用一个业务信道,并且在同一时间只能由一个业务用户讲话。

(3)VBS

与 VGCS 具有相似的业务功能,只是业务用户没有讲话的权利。

3. 铁路基本业务

(1) 功能寻址

功能寻址是 GSM-R 的特征,它允许通过功能号来呼叫用户,而不是通常情况下的按照用户使用的终端设备来进行寻址。功能寻址是通过编制功能号实现的。这个特性保证了用户功能号码与其用来应答的物理终端之间的独立性。

(2) 功能号表示

功能号表示是将铁路用户根据其当前行使的职能进行编号,这个号有可能是非永久的,需要注册和注销。

(3) 接入矩阵

接入矩阵是用来定义哪些签约用户在网络中与其他签约用户联系的。

(4) 基于位置的寻址

基于位置的寻址是指将移动用户发起的用于预定功能的呼叫,路由到一个与该用户当前所处位置相关的目的地址,例如:司机呼叫调度员或车站值班员,网络需要根据司机当前所处的位置来确定是哪一个调度员或车站值班员。

4. 铁路特定应用

通过研究和分析了我国铁路通信要求之后,给出能使得铁路通信系统投入经济运行并已经实现的应用。

二、GSM-R 系统的应用

(一) 调度通信

调度通信系统业务包括:列车调度通信、货运调度通信、牵引变电调度通信、其他调度及专用通信、站场通信、应急通信、施工养护通信和道口通信等。

利用 GSM-R 进行调度通信系统组网,既可以完全利用无线方式,也可以同有线方式结合起来,共同完成调度通信任务。事实上,在铁路上的有线通信已经比较完善,因此完全可以利用现有的有线资源,构成"GSM-R＋FAS"(即固定用户接入交换机)的无线/有线混合网络。这种混合网络的系统主要由 NSS(包括 MSC、HLR、AUC、VLR、GCR 等)、BSS(包括 BSC、BTS)、OSS、固定用户接入交换机(Fixed Access Switching,简称 FAS)、调度台、车站台、机车综合通信设备、作业手持台 OPH(Operational Purpose Handset)及其他固定终端等构成。GSM-R 调度通信系统构成及组网方式如图 9-10 所示,其接口及信令在图中都已标明。

铁路沿线采用无线覆盖,机车上采用无线终端,即机车综合通信设备,而车站台和调度台都是有线终端。采用有线/无线组网方式。其中车站台和调度台通过 FAS 连接到 GSM-R MSC 上,从而实现有线和无线用户的通信。下面以列车调度功能为主,介绍其是如何采用 GSM-R 来实现的。

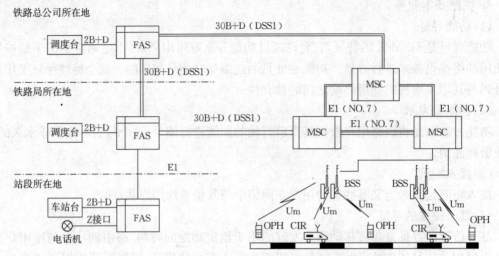

图 9-10　GSM-R 调度通信系统构成及组网方式示意图

列车调度通信是重要的铁路行车通信系统,负责列车的位置和运行方向,其主要用户包括:铁路局列车调度员、车站(场)值班员、机车司机、助理值班员、机务段(折返段)调度员、列车段(车务段、客运段)值班员、机车调度员、电力牵引变电所值班员、救援列车主任以及其他相关人员。

列车调度通信系统的主要问题是解决"大三角"和"小三角"的通信,"大三角"通信是指列车调度员、车站值班员和机车司机之间的通信;"小三角"通信是指车站值班员、机车司机和运转车长之间的通信。

(二)车次号传输与列车停稳信息的传送

GSM-R 车次号传输与列车停稳信息对铁路运输管理和行车安全具有重要的意义,它可通过基于 GSM-R 电路交换技术的数据采集传输应用系统来实现数据传输,也可以采用 GPRS(通用分组无线业务)方式(用户数据报 UDP 协议)来实现。系统由 GSM-R 网络(叠加 GPRS)、监控数据采集处理装置(以下简称"采集处理装置")、GSM-R 机车综合通信设备、DMIS(铁路运输调度指挥管理信息系统)/CTC(列车控制)设备等组成。GSM-R 车次号传送系统构成如图 9-11 所示。

当通信方式为 GPRS 方式时,该系统可实现车次号传送的目的 IP 地址自动更新,按要求进行车次号信息和列车停稳信息传送,能对发送的车次号信息、列车停稳信息进行存储,DMIS/CTC 可向采集处理装置查询车次号信息。

通信过程如下:采集处理装置在安装前需要进行归属目的 IP 地址的设置。采集处理装置开机后与 GSM-R 机车综合通信设备握手,按照设置的归属目的 IP 地址向 DMIS/CTC 申请车次号传送的当前目的 IP 地址。当 DMIS 判断运行列车即将离开管辖区时,将接管辖区的目的 IP 地址发送给运行列车的采集处理装置,采集处理装置则根据该信息进行目的 IP 地址的更新。采集处理装置接收机车安全信息综合监测装置(以下简称"监测装置")广播的信息并对信息进行实时分析,数据内容符合以下条件之一时:(1)列车进入新的闭塞分区、进站、出站;(2)在非监控状态下速度由 0 变为 5 km/h;(3)司机操作运行记录器"开车"键时,则通过 GSM-R 机车综合通信设备发送一次车次号信息。列车停稳时采集处理装置向 CTC 发送一次列车停稳信息。发送车次号或列车停稳信息的同时向操作显示终端发送一次相同信息。DMIS/CTC 根据需要可向运行列车上的采集处理装置查询车次号信息。需要查寻机车 IP 地址时,DMIS 可利用机车号向 GSM-R 网络的域名服务器(DNS)进行域名查址获得对应关系。采集处理装置根据需要向 GSM-R 机车综合通信设备查询有关位置信息(GPS 信息等)。

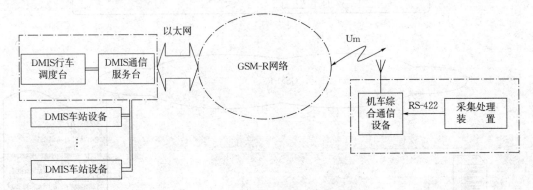

图 9-11　GSM-R 车次号传送系统构成图

(三)调度命令传送

铁路的调度命令是调度所里的调度员向司机下达的书面命令,它是列车行车安全的重要保障。调度员通过向列车司机发出调度命令,对行车、调度和事故进行指挥控制,是实施铁路运输管理的重要手段。

采用车—地数据通道传输调度命令无疑将加速调度命令的传递过程,提高工作效率。调度员可以通过计算机编辑调度命令,而司机也是通过计算机接收调度命令,这样就可以把调度命令保存在计算机的磁盘中,用于事故分析和明确责任;而且双方都可以用打印机打印成书面文件,其优点显而易见。

调度命令子系统包括列车调度的机车台及列车调度台,以及它们各自连接的用于打印调度命令的打印机设备。图 9-12 描述了基于 GSM-R 电路交换技术的列车调度系统调度命令系统。

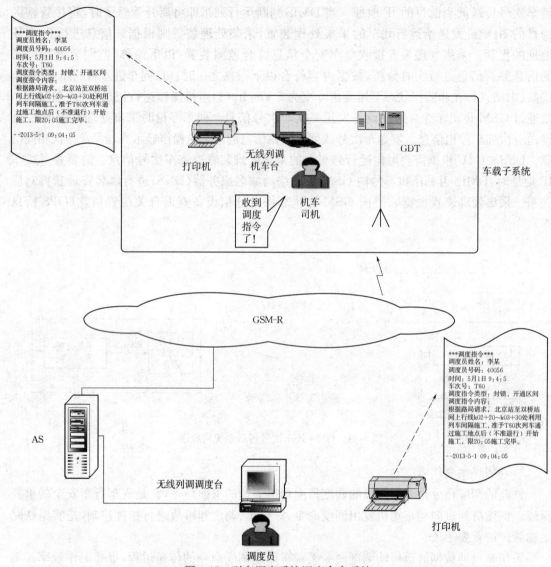

图 9-12　列车调度系统调度命令系统

调度命令数据传输也可以采用 GPRS 分组交换通信方式（UDP 协议）。系统由 GSM-R 网络（叠加 GPRS）、GSM-R 机车综合通信设备（含操作显示终端、打印终端）、DMIS 设备等组成。

通信过程如下：DMIS 通过车次号信息建立运行区段机车号对应的 IP 地址的档案，列车离开本区段时将档案拆除。调度员和车站值班员可在终端上编辑调度命令（系统根据车次号自动将相应的机车号填入),当按下调度命令"发送"键,DMIS 根据调度命令中的机车号查找相对应的目的 IP 地址并将调度命令发送。司机可通过操作显示终端接收并处理调度命令。DMIS 收到确认信息要在调度命令发送方显示。

(四)列尾装置信息传送

将尾部风压数据反馈传输通道纳入 GSM-R,可避免单独投资及单独组网建设,同时利用 GSM-R 强大的网络功能,克服了原有的抗干扰性差、信息无法共享等各种缺点。它具有以下优势:

(1)尾部风压状态随时通过车尾装置传输。

(2)机车司机可以随时查询、反馈车尾工作状态。

(3)在复线区段或邻线,追踪列车之间不会相互干扰。

(4)在隧道内也能传输。

利用 GSM-R 网络的电路交换的数据通信功能,可以方便地解决尾部风压数据的传输问题。图 9-13 为按需建立电路连接方式的尾部风压检测系统结构。

图 9-13　数据通信传输方式的尾部风压检测系统结构

在车头的司机查询器和车尾的风压检测器上分别安装 GSM-R 通信模块,两者就可以利用 GSM-R 的电路数据功能传输风压数据。当司机查询尾部风压时,车头通信模块首先与车尾通信模块建立电路连接,然后向车尾的模块发送查询数据包,在收到该数据包后,车尾模块检测风压并封在数据包中发给车头装置。同时,若风压超过告警界限,车尾模块也将首先与车头模块建立数据链路,然后向车头显示器发送数据包以报告险情。

概括起来,无论是司机主动查询风压,还是车尾自动报警,本方的通信模块都要首先与对方建立通信电路,然后再进行数据包的交互,待所有事务都结束后,再挂断通信连接。一般情况下,通信电路连接的建立时间为 5 s 左右。

与前面所述的几种数据传输类似,列尾装置信息也可以通过 GPRS 方式进行传输,此时,列尾主机要注册其 IP 地址,并建立列尾主机与机车综合通信设备唯一的对应关系。

(五)调车机车信号和监控信息传输系统

调车机车信号和监控信息传输系统的主要功能是提供调车机车信号和监控信息传输通道,实现地面设备和多台车载设备间的数据传输,并能够存储进入和退出调车模式的有关信息。多台调车机车同时作业时,地面设备使用连选功能,与每台车载设备分别建立电路链接。

图 9-14 为 GSM-R 调车机车信号和监控信息传输系统结构图,包括调车机车信号和监控车载设备(简称"车载设备")、调车机车信号和监控地面设备(简称"地面设备")、GSM-R 网络和 GSM-R 机车综合通信设备。

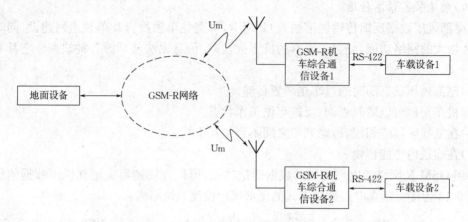

图 9-14　GSM-R 调车机车信号和监控信息传输系统结构图

为了保证可靠性,系统通信方式采用点对点电路连接,当 GSM-R 机车综合通信设备接收到车载设备发送的进入调车监控模式命令时,自动按分配给地面设备的功能号进行基于位置的呼叫,GSM-R 网络接收到功能号呼叫后将路由指向对应的地面设备,在地面设备与车载设备之间建立一条电路链路,同时操作显示终端提示处于调车监控模式。地面设备发送数据时根据信息内容中的机车号选择对应的端口,将数据转发,GSM-R 机车综合通信设备接收到数据后按照目的端口码转发给车载设备。车载设备将数据通过已建立的数据链路发送给 GSM-R 机车综合通信设备,GSM-R 机车综合通信设备再把数据通过链路发送到地面设备。当 GSM-R 机车综合通信设备接收到车载设备发送的退出调车监控模式命令时,GSM-R 机车综合通信链路设备则释放电路链路。

(六)CTCS-3 级/CTCS-4 级列控系统

中国列车控制系统(CTCS)是在采用传统的闭塞系统或移动闭塞系统的条件下,增强列车自动控制功能的超速防护系统。同时,它也是一个驾驶辅助系统,帮助司机以安全的方式驾驶列车。根据国情路情实际出发,CTCS 共划分为五级。其中 CTCS-3 级(基于轨道电路和无线通信的固定闭塞系统)和 CTCS-4 级(完全基于无线通信的移动闭塞系统)与 GSM-R 有着密切关联。

CTCS-3 级系统是一个基于轨道电路和无线通信系统(GSM-R)的列车运行控制系统。在 CTCS-3 级系统中,车载设备应与地面设备配合工作,列车按固定闭塞方式运行,由无线闭塞中心(RBC)控制,利用无线通信系统(GSM-R)在车—地之间双向传输信息,车载设备配备无线通信模块,应答器作为定标设备。机车信号为主体信号,可以取消地面信号,另外,利用轨道电路或计轴设备进行轨道占用及列车完整性检查,但它们不属于 CTCS-3 级的设备。

CTCS-4 级是一个完全基于无线通信(GSM-R)的列车运行控制系统,该系统具有移动自动闭塞的特征。区间占用靠 GPS 和 GSM-R 实时数据传输解决(站内仍需轨道电路)。列车完整性检查、定位校核分别靠车载设备和点式设备实现,使得室外设备减少到最低程度。

采用 GSM-R 实现车—地间双向无线数据传输,代替目前的轨道电路来传输色灯信号是铁路基于通信技术的列车控制系统的关键技术,它具有以下明显的优势:

(1)基于 GSM-R 传输平台,提供车—地之间双向安全数据传输通道。

(2)无盲区、设备冗余、加密。

(3)满足列车控制响应时间的要求。

(七)区间移动公(工)务通信

在区间作业的水电、工务、信号、通信、供电、桥梁守护等部门内部的通信,均可以使用 GSM-R 作业手持台,作业人员在需要时可与车站值班员、各部门调度员或自动电话用户联系。紧急情况下,作业人员还可以呼叫司机,与司机建立通话联络。主要功能如下:

(1)能够呼叫当前车站的车站值班员和助理值班员。

(2)紧急情况下,能够呼叫当前调度员。

(3)能够在预定义的范围内发起组呼和广播呼叫。

(4)能够发起铁路紧急呼叫和公众紧急呼叫。

(5)能够接收来自其他授权用户的呼叫。

(6)能够接收语音组呼和广播呼叫。

(八)应急指挥通信话音和数据业务

应急通信系统是当发生自然灾害或突发事件等影响铁路运输的紧急情况时,为确保实时救援指挥通信需要,在突发事件现场与救援中心之间,以及现场内部建立的语音、图像、数据通信系统,它是铁路战备通信系统的重要组成部分。应做到迅速准确、可靠畅通、机动灵活。基于 GSM-R 移动通信的应急通信系统话音业务包括铁路紧急呼叫和 eMLPP 业务,铁路紧急呼叫是指具有"铁路紧急优先级"的呼叫,用于通知司机、调度员和其他处于危险级别的相关人员,要求停止在预先指定地区内的所有铁路活动。由于铁路运营存在的紧急情况,这些呼叫被连接到事先定义的用户或用户组,所有铁路紧急呼叫都应使用 GSM 语音组呼规范。eMLPP业务规定了在呼叫建立时的不同优先级,以及资源不足时的资源抢占能力。对于应急指挥话音业务,可为其设置高优先级,以保障通信的快捷畅通。

(九)旅客列车移动信息服务通道

旅客列车移动信息服务可包括移动售票和旅客列车移动互联网等服务。可靠车—地数据传输系统（基于 GSM-R 电路交换）的出现，使在列车上完成的移动售票成为可能。在列车上乘客可以通过售票终端完成客票查询、订票、购票或补票业务，再通过车—地数据传输系统将客票信息实时传送到地面上的票务中心，以及时更新客票信息。列车旅客信息服务系统是为列车上具有一定接入条件（如笔记本电脑、PDA、手机等）的旅客提供互联网的业务的。然而当今互联网的业务日新月异、千变万化，而列车是一个高速的移动体，所以在此前提下，应该优先开展如下业务：

(1)电子邮件、基于 WEB 的新闻浏览。

(2)路相关信息服务（如列车运行时刻表查询）。

(3)客移动位置业务、在线电影。

(4)网络游戏、网上聊天。

第四节　CIR 设备组成与功能

CIR(Cab Integrated Radio communication equipment)是机车综合无线通信设备的简称，是 GSM-R 系统的终端设备。作为中国铁路下一代铁路无线通信系统中的机车设备，其具有操作灵活、标准化程度高、功能强大的特点。CIR 可以服务于 450 MHz 集群调度网和 GSM-R 两种系统，在两种模式下均能完成列车调度通信、调度命令传送、车次号传送、列尾风压信息传送等功能。

一、CIR 设备组成

CIR 设备由设备主机、操作显示终端（简称"MMI"）、送/受话器、扬声器、打印终端、天线及连接电缆等组成，如图 9-15 所示。

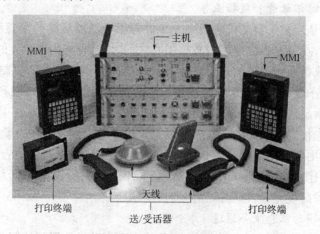

图 9-15　CIR 组成示意图

（一）主机

CIR 主机是 GSM-R 机车综合无线通信设备的核心设备，功能是向其他组件的设备供电，进行数据信息处理、信息传递，对外数据传送接收等。主要结构由机柜、主控单元、总线板、电源单元、GSM-R 话音单元、GSM-R 数据单元、高速数据单元、GPS 单元、记录单元、天馈单元、接口单元、450 MHz 机车电台单元（450 MHz 调度命令单元）、800 MHz 列尾和列车安全预警车载电台（简称"800 MHz 车载电台"）单元后备电源（蓄电池）单元等组成，各单元以模块化的形式独立存在，可根据使用功能进行模块配置。需要说明的是，450 MHz 机车电台、800 MHz 车载电台、天馈等单元安置在机柜内或单独放置。

主机各模块的作用见表 9-5。

表 9-5   主机各模块的作用

模块名称	模 块 功 能
主控单元模块	控制各项模块单元并存储主要信息，内部结构包括：CPU 处理器、音频电路、控制电路
电源及电池单元模块	负责主机电源的电压转化，断电切换功能。内部结构包括：DC—DC 电源模块、掉电检测电路和蓄电池。正常情况下，电压转换单元将市电转换成相关模块所需要的工作电压供主机内各单元工作。当设备断电时，掉电检测电路检测到系统无电，则自动切换到蓄电池，进行车次功能号、机车功能号的注销。当注销完成后自动切断所有电源，完成设备关机
GSM-R 话音单元模块	负责 GSM-R 话音调度通信功能和功能号的注册、注销功能
GSM-R 数据单元模块	负责数据信号的收、发工作
GPS 单元模块	为各单元提供公用时钟信号和位置信息，其中系统的标准时钟是 GPS 时钟信号，设备的时钟校准周期应在 10 min 以内
记录单元模块	能够存储话音业务、承载业务和操作过程，并具备对话音进行回放的功能
接口单元模块	负责与外部设备进行连接的作用，包含 800 MHz 报警按钮、两个 MMI 接口、外置 450 MHz 通用机车电台接口、外置 450 MHz DMIS 接口、TDCS 信息接口、外置 800 MHz 机车电台接口、电源接口、录音接口、数据输出 1 接口、数据输出 2 接口、5 个通用数据接口
450 MHz 单元模块	负责 450 MHz 调度通信所规定的机车电台功能及承载的数据传输功能
800 MHz 单元模块	具有向 KLW 查询列车尾部风压和控制 KLW 排风制动的功能、具有发送和接收列车防护报警信息功能等

（二）MMI

操作显示终端（MMI）作为人机操作界面是GSM-R机车综合无线通信设备与运营维护人员的交流平台，负责人机对话、信息显示、控制操作传输等任务，其组件包括：打印终端、扬声器、MMI操作终端、送/受话器。

1. MMI操作终端

MMI操作终端实现人机对话，负责操作人员和设备之间的信息交互工作，主要包括话音调度通信呼入与呼出、音量大小的控制、调度命令信息的发送查询和打印、列车尾部风压参数的查询等相关操作。采用5.7″显示屏进行查看，运用有背光功能的按键方便操作人员夜间查询，使用多功能的外部接口，灵活的外部设备互连。

2. 送话器和受话器

送话器主要负责将语音信息转换为电信号；受话器主要负责把电信号还原成语音信号。就相当于我们常说的话筒和听筒，现场一般采用紧凑式的设备实现语音信息的输入和输出。

3. 扬声器

扬声器就是我们通常所说的喇叭，用于设备的语音输出，根据实际应用可采用将扬声器嵌入MMI内部的内置式，或将扬声器与打印机进行组合安装的外置式。

4. 打印终端

打印终端就是我们所说的打印机，负责在MMI的控制下打印输出纸质调度命令等信息。

（三）天馈设备

天馈设备作为无线信号的收发节点是电磁波的接收点和发送点，主要负责无线信号和电信号的转换。CIR设备作为GSM-R系统信息传递的接口，其主要承担语音信息的发送与接收、GSM-R系统数据信息的交换功能。将用户要输出的信号送给基站设备，并接收基站送来的信号进行还原，其组件包括：机车天线、多频段合路器及连接电缆等。

天馈设备的功能及工作原理如下：

1. 机车天线

机车天线为射频信号发送与接收设备，实现无线信号与有线信号的转换。主要用于铁路无线信号的发送与接收，作为用户端和GSM-R系统建立联络。有多种型号的天线供机车台选择，一般分为450 MHz机车天线、800 MHz机车天线、组合天线、合路天线、900 MHz语音/数据天线、GPS天线等。

2. 多频段合路器

多频段合路器为射频信号合路设备，实现多个发射机共用一个天线的目的。主要用于CIR主机各类型及频段射频信号的合路，以减少机车车顶天线数量。

3.连接电缆

连接电缆包括:天馈线、各式中继线、连接线。天馈线负责将天线收到的信号传输给相关设备;中继线负责 GSM-R 机车综合无线通信设备与外部设备的连接;连接线可以是供电线或打印机的连线等,负责各设备的连接工作。

二、CIR 设备的功能

WTZJ-Ⅱ型机车综合无线通信设备是小型化主机的机车综合无线通信设备(以下简称"小型化 CIR"),主要是针对既有机车安装空间而做的小型化改进,小型化 CIR 在设备结构上取消了常规机车综合无线通信设备集成的 800 MHz 列尾和列车安全预警系统机车电台和高速数据传送单元。该设备具有如下功能:

(1)《列车无线调度通信系统制式及主要技术条件》(TB/T 3052—2002)、《列车无线调度通用式机车电台主要技术条件 V.2》规定的机车电台的功能。

(2)450 MHz 机车电台承载的列车尾部风压、无线车次号、接车进路预告信息、调车作业通知单、列车停稳、调车请求、信息回执、调度命令等数据信息的传输功能。

(3)GSM-R 调度通信系统的功能。

(4)GSM-R 通用数据传输的功能。根据承载业务的需要,提供 GPRS 或电路方式数据传输链路。

(5)GSM-R 工作模式与 450 MHz 工作模式自动切换和手动切换的功能。

(6)向用户提供卫星定位原始信息、公用位置信息的功能(周期 2 s)。

(7)其操作显示终端应具有调度通信、通用数据传输所需的操作、状态显示及语音提示的功能。

(8)主、副 MMI 之间的通话功能。

(9)其主机应具备信息存储和导出的功能。

(10)人工系统复位的功能。

(11)出入库检测的功能(故障定位到功能单元),包括:450 M 单元、GSM-R 话音单元、GSM-R 数据单元、记录单元、卫星定位单元、MMI、TAX 接口。

本章小结:GSM-R 系统属于铁路专用移动通信的一种,专用于铁路的日常运营管理,是非常有效的调度指挥通信工具。

GSM-R 系统主要包括:网络子系统(NSS)、基站子系统(BSS)、运行与支持子系统(OSS)和终端设备等四个部分。

GSM-R 是专门为铁路通信设计的综合专用数字移动通信系统,它基于 GSM 的基础设施及其提供的 ASCI(先进语音呼叫业务),其中包含 eMLPP(增强型多优先级与强拆)、VGCS(语音组呼)和 VBS(语音广播),并提供铁路特有的调度业务,使铁路部门用户可以在此信息平台上开发各种铁路应用。

 **思考题**

1. 简述 GSM-R 系统的频率分配。
2. 简述 GSM-R 系统的内部结构及每一部分的作用。
3. 分析我国 GSM-R 网络的规划方案。
4. 简述 GSM-R 系统的十大应用。
5. 简述 CIR 设备的内部结构及功能。

第十章

FAS 系统

本章提要:铁路调度通信系统是运输指挥的重要基础设施,对铁路运输指挥与安全生产起着至关重要的作用。本章主要介绍了高速铁路 FAS 系统基本内容、基本概念、基本原理、基本标准和基本设备。

第一节　高速铁路 FAS 系统概述及基本原理

目前,专门用于铁路运输、生产、指挥的电话业务具有相对独立性,分为固定用户和移动用户两大类。其中,GSM-R 固定用户接入交换系统(Fixed users Access Switching,简称"FAS 系统")是针对调度通信的新需求而研制开发的新一代铁路有线调度通信系统,为铁路总公司调度指挥中心、铁路局调度所调度员与其所管辖区域内有关运输生产作业人员之间的业务联系提供专用电话业务。它具有适应各种通信业务的接口,既能满足调度通信的需要和多种业务的综合接入,又能适应与铁路数字移动通信系统(GSM-R)和其他数字程控交换机的互联互通。

一、高速铁路 FAS 调度通信系统概述

铁路专用调度电话业务是通过有线调度系统、GSM-R 数字移动通信系统或列车无线调度通信系统实现的,是组织铁路运输、指挥列车运行、编解列车、维护设备运转、提高服务水平、直接为铁路运输生产服务的通信设施,可归纳为调度通信设备和站场通信设备。其中,主要的调度通信设备分为有线调度通信设备和无线调度通信设备。铁路数字调度通信系统基本设备由调度所调度交换机(俗称主系统)、车站调度交换机(俗称分系统)、调度台/值班台、数字调度分机、模拟调度分机、网管终端等组成。无线调度通信设备由列车无线调度电话系统设备和铁路数字移动通信系统(GSM-R)设备组成。调度通信系统构成如前面图 9-10 所示。

二、高速铁路 FAS 调度通信系统的基础知识

1. FAS 系统的基本原理

FAS 系统的基本原理就是使用计算机硬件、软件去控制数字时分交换网络的交换接续,来达到人们期望的通信方式及通信需求。为了使通话效果更好,也为了取得在免提通话方式下的更好效果,FAS 系统采用了数字信号(语音)处理技术来对通话语音做了一定的处理,如抵消免提通话方式下的声音回波、话音大小自动控制等。为了充分保证 FAS 系统的安全可靠,一般采用环行网络的组网技术,环网络的任何一处断裂,都不会影响环行网络上的任何通信业务。

2. 数字交换的原理

所谓数字交换就是将数字化的语音信号(话音编码信息)通过数字交换网进行交换,实际上是时隙信息的交换,也就是说将数字链路中的某一时隙的话音脉冲编码信息在时间位置上搬到另一个时隙中去,实现时隙间信息的交换,称为时隙交换。当时隙的信息进行交换时,需要按照 PCM 的帧结构一帧一帧地交换。当第一帧的信息到来而输出端的时隙未到时,需要将传输的信息先暂存一段时间,等到输出端到达时再将信息送出去,等待时间窗口为相隔时隙所占用的时间,具体长短视交换时隙的时间位置而定,最长不会超过一帧的时间($125~\mu s$)。

3. FAS 系统的数字共线语音通道

从数字时分交换的简单原理可知,在数字通信系统中,两方通话只需要交换即可,但如果要实现三方或更多方通话时,则需要专门的数字会议电路,而不是简单地并接。数字会议电路的原理也很简单,它是将取得的通信中两个发方的数字值直接进行相加,然后再送给收方,则收方就可以听到两个发方的声音。

有了数字会议电路,实现一个调度总机与多个调度分机同时通话的方式有两种。一是,各车站的各调度分机占用不同的时隙经传输通道传输枢纽后,再做数字会议加法;另一种是,各个车站的各调度分机在车站处先做数字会议加法,然后再会同邻站来的"时隙"内容相加后,再经过同一"时隙"送向下一站,这种一种调度业务占用一个"时隙"的,称之为"数字共线"。FAS 系统中可以支持上述两种方式,但大部分调度电话的话音通道是经过"数字共线"来提供的。

4. 2 M 数字环时隙运用

FAS 系统对数字调度和专用电话业务采用"数字共线"的方式实现。各个车站的值班员或调度分机用户都在"数字环"中的同一个时隙上与枢纽主系统的调度值班员通话。一种数字调度或专用电话业务占用数字环上的一个时隙,这种时隙称为"共线时隙"。

每种站间通信占用"数字环"中的一个时隙进行通信,多个车站同时使用时,只是将这个时隙分段使用。另外还定义一个时隙作为站间备份使用。这两个时隙统称为"站间时隙"。

系统可实现远程调度台的接入,每个远程调度占用"数字环"中的 2~3 个时隙,半固定连接到枢纽主系统的后台上,从而完成远程调度的接入功能。这种时隙称为"远程时隙"。

2 M 数字环上时隙共有 32 个,编号为 $TS_0 \sim TS_{31}$,其中 TS_0、TS_{16} 不可使用,FAS 系统内部占用 3～4 个时隙用于信令通信或维护管理之用,剩下的 26～27 个时隙可以用作共线时隙、站间时隙、远程时隙。这些时隙,对于一个数字环上的各个车站来说,分配以上各种专用通信业务是足够的。

5. 数字交叉连接

数字交叉连接是指将数字交换设备(或数字交叉连接设备)的两个端口用固定或半固定的方式连接起来,以达到两个端口直通的目的。在数字交换设备内,数字交叉连接和数字交换这两个概念有本质区别,前者是通过网管或维护终端做数据建立或拆除的。但两者的共同点是设备必须具备时隙交叉功能。

三、高速铁路 FAS 调度通信系统的网络结构

(一)系统结构

FAS 系统由调度所 FAS、车站 FAS、调度台、值班台、其他各类固定终端及网管终端构成。调度所 FAS 设置在铁路总公司和铁路局等调度机械室;车站 FAS 设置在车站和用户相对集中地方的通信机械室;调度台设置在各类调度员所在地;值班台设置在车站值班员等所在地。

FAS 系统结构如图 10-1 所示,其接口定义如下:

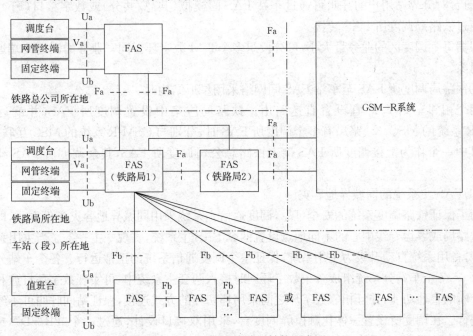

图 10-1 FAS 系统分层结构示意图

（1）Fa 接口。ISDN 基群速率接口（30B＋D），DSS1 信令。

（2）Fb 接口。ISDN 基群速率接口（30B＋D），DSS1 信令；基群速率 E_1，内部信令。

（3）Va 接口。RS-232、RS-485、以太网接口等。

（4）Ua 接口。ISDN 基本速率接口（2B＋D），DSS1 信令；基群速率 E_1，内部信令。

（5）Ub 接口。选用 Z 接口、共总接口、共分接口、磁石接口、音频 2/4 线接口、模拟调度总机接口、选号分机接口、64 kb/s 同向接口、录音接口。

（二）组网方式

（1）FAS 系统按铁路总公司至铁路局和铁路局至站段二级结构组网。

铁路总公司调度中心 FAS 至各铁路局调度所 FAS 采用星形复合结构，并采用迂回路由。相邻铁路局调度所 FAS 间设直达路由。

（2）铁路局调度所 FAS 至车站 FAS 采用环形或星形结构。

①铁路局调度所 FAS 至车站 FAS 采用环形结构时

a. 相邻调度区段 2 M 中继环在分界站车站 FAS 相切，即分界站车站 FAS 接入相邻调度区段的 2 M 中继环，相邻调度区段调度台、值班台对分界站用户的呼叫在该 2 M 中继环内进行。

b. 相邻调度区段 2 M 中继环在分界站车站 FAS 不具备相切条件时，相邻调度区段调度台、值班台对分界站用户的呼叫可通过车站 FAS 间模拟（共总/共分）或数字接口（Fb）互联，也可通过铁路局调度所 FAS 转接。

根据每个调度区的业务量大小，可分段组多个 2 M 数字环。同一业务的固定终端通话宜共用时隙。

②铁路局调度所 FAS 至车站 FAS 间网络采用星形结构时

两个相邻车站 FAS 宜设置直达路由。铁路局应集中设置调度所 FAS，并就近接入 GSM-R 系统的 MSC。铁路局有多个调度所 FAS 时，分别与 GSM-R 系统的 MSC 互联，但只允许其中一个作为汇接调度所 FAS 接入铁路总公司调度所 FAS，其余调度所 FAS 经汇接后接入。

（3）FAS 主系统的同城异地容灾。

为了保证铁路调度系统的安全可靠，调度通信主系统采用同城异地容灾备份方式，即在同一个铁路局或客运专线中心的不同地点设置两套 FAS 主系统，实现一主一备。当主用系统出现故障，备用系统自动升级为主用系统，保证整个调度通信系统的正常运行。各个车站分系统按照每 6～7 个车站分系统组成一个数字环同时接入两套主系统中，可实现数字环自愈和车站分系统断电直通功能，并且相邻数字环之间采用环切环的方式连接，保证站间呼叫可不经过主系统进行。在调度所设置一体化触摸屏调度台，采用双接口设计，通过一个"2B＋D"（或 E_1）接口接入本地 FAS 主系统，通过一个 E_1 接口接入另一套 FAS 主系统中，实现调度台双接口、双归属功能,提高整个调度通信系统的安全可靠性。并且在备用 FAS 主系统处,可设置备用触摸屏调度台,实现调度的同城异地容灾备份。

在主、备 FAS 主系统处各设置一套网管系统,实现网管的"1+1"备份。两套网管之间通过 IP 网连接,保证两套网管的数据同步。

位于调度所的主、备 FAS 主系统通过"30B+D"接口与无线 MSC 相联,采用 DSS1 信令,实现调度通信系统与铁路专用移动通信系统 GSM-R 的互联互通,主要实现列车调度通信需求,如调度员、值班员与机车台、机车司机等的互相通信,相联三小区无线用户的紧急呼叫等。

主、备 FAS 主系统通过"30B+D"接口与各个调度所的汇接局相连,实现与既有数调、干调等系统的互联互通。

同城异地双系统冗余备份相连方式,如图 10-2 所示。

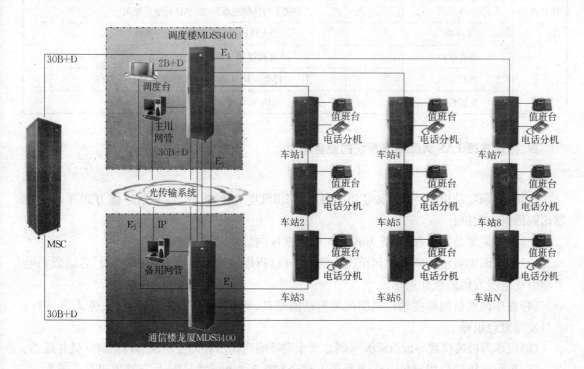

图 10-2　同城异地双系统冗余备份相联方式示意图

（三）接口及用途

调度交换机的接口有中继接口和用户接口两大类。中继接口主要用于系统间的互联;用户接口连接各种用户终端。调度交换机的接口名称和用途见表 10-1。

表 10-1 调度交换机的接口名称和用途表

类别	接口名称	用 途
中继接口	E₁ 接口	在本系统内,主、分系统之间用 2 M 中继互联,采用内部专用信令
	PRI 接口	不用型号主系统间,与 GSM-R 之间用"30B+D"中继互联,采用 DSS1 信令
	共总/共分	不用型号分系统间互联,一端用共总,另一端用共分
	环路中继	不同型号分系统之间互联
用户接口	U 接口	用"2B+D"接数字用户调度室/值班台,采用内部信令
	E₁ 接口	用 2 M 接数字用户调度台,采用内部信令
	Z 接口	连接模拟用户,接自动电话机
	上行区间	连接上行区间电缆回线,供区间电话使用
	下行区间	连接下行区间电缆回线,供区间电话使用
	2/4 线	为无线列调提供数字共线通道
	磁石接口	连接模拟用户,接磁石电话机
	选号接口	连接模拟用户,接音频选号调度分机
	数据接口	提供 V. 35 接口和 RS-232 接口

四、高速铁路 FAS 调度通信系统的业务功能

1. 列调

(1)列车调度员以单呼(车次号功能寻址/MSISDN 号码方式)、组呼、广播方式呼叫调度辖区内的机车司机。

(2)列车调度员以单呼、组呼方式呼叫调度辖区内的车站值班员。

(3)列车调度员组呼调度辖区范围内的机务段(折返段)运转、列车段(车务段、客运段)、电力牵引变电所等值班员并通话。

(4)列车调度员向调度辖区范围内的车站值班员、机车司机、助理值班员、工务人员、道口人员发起紧急组呼。

(5)机车司机按位置寻址/ISDN 号码方式个别呼叫当前所在调度辖区的列车调度员并通话。

(6)机车司机按位置寻址/ISDN 号码方式个别呼叫本站/前方站/后方站值班员并通话。

(7)机车司机向所属调度辖区的调度员及相邻的车站值班员、机车司机、助理值班员、工务人员、道口人员发起铁路紧急呼叫。

2. 电调

(1)牵引供电调度员应按个别呼叫、组呼等方式呼叫调度辖区范围内相关的所属用户并通话。

(2)牵引供电调度员接收所属用户的个别呼叫并通话。

3. 站场通信

实现以车站值班员(调度员)、助理值班员、客运值班员等为中心的通信,其用户包括机车司机、车站外勤值班员、站内道口、值班(工务、信号、通信、电力、接触网等)工区、客运作业人员等。

4. 站间通信

站间通信是相邻两车站值班员办理有关行车业务的专用电话。

五、调度通信系统的通信流程

1. 单呼通信过程

单呼通信过程是指调度员发起呼叫→值班员摘机应答→双方通话的三个流程。反之,值班员呼叫调度员的通信过程与此相同,也叫单呼通信过程。

(1)调度员发起呼叫

在调度台上按下某一呼叫键,键位灯闪烁,显示屏上显示"正在呼叫"并听回铃音;控制部分将呼叫请求翻译成呼叫信息,并通过"2B+D"板的D信道发送到主系统;主系统"2B+D"板收到呼叫消息翻译成占用请求,并发送到控制单元;控制单元收到消息后,向2M板发占用请求,命令交换网络接通主被叫端口,待收到证实消息后向助教返回铃音;分系统2M板收到消息后转发到控制单元;控制单元收到消息后,确认是呼叫本系统用户,将消息转发到相应"2B+D"板,命令交换网络接通主、被叫端口,待收到证实消息后向被叫送铃流;值班台"2B+D"板收到消息后转发到控制部分;控制部分收到消息后经分析,被叫值班台键位灯闪烁并响铃,向显示屏送出呼入信息。

(2)值班员摘机应答

在值班台上按键应答,停止响铃,键位灯由闪烁变为长亮,并停发回铃音。值班员按键应答向控制部分发送应答信号;控制部分将应答信号发送到"2B+D"接口部分,并通过D信道发送到分系统;分系"2B+D"板收到应答信号后,翻译成应答消息,并发送到控制单元;控制单元收到应答消息,向被叫用户停发铃流,将应答消息发送到分系统的2M板;主系统2M板收到应答消息后转发到控制单元;控制单元收到消息后,向主叫用户停发回铃音,向"2B+D"板转发应答消息;主系统"2B+D"板收到应答消息后转发到调度台的"2B+D"接口部分;调度台"2B+D"接口部分收到应答消息后,转发到控制部分;控制部分收到应答消息后经分析使相应的键位灯由闪烁变为长亮,并向显示屏显示"呼叫成功"

(3)双发通话和话毕挂机

主、被叫用户进入通话状态,控制单元不断监视主、被叫用户是否挂机,通话完毕一方挂机后,挂机方所属系统(主或分系统)向对方发"挂机(拆线)消息",未挂机方所属系统收到该"挂机消息"后,向未挂机终端送忙音。上述发起呼叫或挂机过程中,如果调度员当前呼叫通道内有其他用户,则不向调度员送回铃音或忙音。

2. 组呼(全呼)通信过程

(1)调度台发起组呼(全呼)

调度员组呼或全呼时,主系统在专用通信通道上发"组呼(全呼)消息",相应分系统收到该"组呼(全呼)消息"后,向相应终端发出呼叫信号,值班台或话机振铃,调度员听回铃音。

(2)被叫应答

当某一被叫分机摘机应答后,其所属分系统向主系统发送被叫"应答信息",然后主系统和该分系统将通道接通,调度员与之通话,其他用户陆续摘机后自动加入通话。

如 GSM-R 区段于故障时采用的紧急呼叫业务,当单一移动用户发起 PTT 紧急呼叫功能时,GSM-R 系统分析用户所属调度区段,向相应区段调度通信主系统发送组呼请求,主系统和 GSM-R 系统连接通道,进入组呼通信过程。

(3)话毕挂机

部分分机挂机后,自动退出通话。只有当调度员或所有分机都挂机后,该呼叫才拆除。

第二节　高速铁路 FAS 调度通信系统设备组成

一、车站数字调度交换机

1. 数字调度交换机简介

数字调度交换机是 FAS 的核心部件,相当于一台数字交换设备,为调度所和车站提供各种调度相关业务,对全系统的网络和通道及操作台进行管理,并对各种接口进行处理,还对各类通信业务进行呼叫和交换接续处理。

(1)设在局调度所、大型站场的 FAS 称为调度所 FAS,主要用于接入各种调度台、调度分机及站场电话。

(2)设在铁路沿线各车站、站场的数字调度交换机称为车站 FAS,主要用于接入各种值班台、调度分机及站场电话。

(3)调度所 FAS 与车站 FAS 配套使用,通过 2 M 数字通道组成调度通信网络,构成整个数字调度通信系统。数字调度交换机的组成如图 10-3 所示。

2. 数字调度交换机的构成

数字调度交换机主要板件的功能简介如下:

(1)主控板。是数字调度交换机的控制单元,提供电路交换网、主控 CPU 系统,以及基本的信号音、收发号器资源和会议资源等。

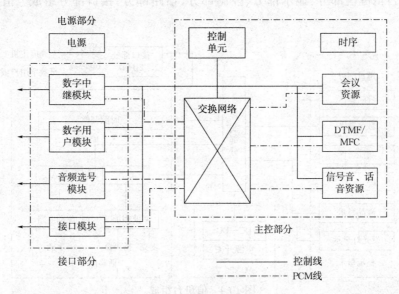

图 10-3 数字调度交换机的组成

(2)数字中继板。与数字环板共同组成数字调度交换机的数字中继模块,提供 E_1 接口与其他交换机连接。

(3)数字环板。与数字中继板共同组成数字调度交换机的数字中继模块,提供数字环 E_1 接口与其他交换机连接。

(4)数字用户板。作为数字调度交换机的数字用户模块,提供"2B+D"接口与触摸屏调度台或键控式调度台连接。

(5)用户板。即共电用户接口板。

(6)接口板。属于数字调度交换机的接口模块,接口板由母板和各子板组合而成。每块母板可插接各类型子插板,子插板类型包括:磁石插板、2/4 线音频插板、选号插板、区间插板、环路插板等。这些接口板可在母板上根据需求灵活配置。

(7)铃流板。为数字调度交换机提供信号音资源,提供模拟用户话机和磁石话机的铃流和磁铃。

(8)电源模块。由 -48 V 直流电源模块和 220 V 交流电源模块共同组成。

二、值班台、调度分机

1. 值班台简介

(1)值班台包括与调度所 FAS 连接的调度台和与车站 FAS 连接的车站台。

(2)值班台由键盘部分、显示部分、控制部分、话路部分、接口部分组成。值班台组成如图 10-4 所示。

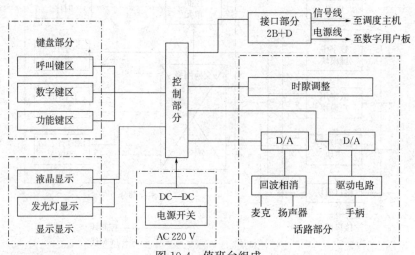

图 10-4　值班台组成

(3)值班台通过"2B+D"接口接入 FAS 系统后台,值班台采用了数字信号处理技术,使喇叭对麦克风的回声得以抑制,同时抵消模拟接口 2/4 线转换所带来的回波,消除了自激现象产生的可能,实现了全双工通信。采用自动增益控制技术,在系统内部自动进行电平调节,无论用户的声音是大还是小,操作人员所听到的声音都保持在一个比较合适的范围之内。

2. 值班台功能

值班台应具有如下功能:

(1)单呼、组呼、会议、广播。

(2)呼叫转接、呼叫转移、呼叫保持。

(3)强拆、强插。

(4)来电电话号码显示、来电中文显示。

(5)呼叫状态显示、呼叫级别显示。

(6)双通道通话、一键直通。

(7)按键扩展。

(8)保存通话记录。

3. 调度分机

调度分机为除值班台以外的调度业务终端,一般采用普通话机的方式进行接入,完成调度业务的基本呼入、呼出功能。

4. 调度台备份应急分机

调度台的备用应急分机,实际上是将一台自动电话机接入调度交换机的音频用户端口,平时不使用,一旦调度台、调度交换机的"2B+D"接口板或调度交换机的连接线发生故障,调度台不能使用时,会自动倒向应急分机,若有呼入,应急分机响铃,摘机通话;若需要呼出,可拨"键位号",如呼叫 1 号键位的用户,拨"01";呼叫 31 号键位的用户,拨"31";拨组呼的键位号同样能发起组呼。

三、语音记录仪

1. 语音录音仪简介

语音录音仪采用录音通道与调度系统的音频接口连接,对调度台或车站值班台进行录音,也可直接连至所要录音话机(或调度台)的音频接口;采用中继通道与调度系统的共电用户接口连接,用于电话对录音仪的远程调听。中心与车站系统的录音仪通过 IP 网络连接,可实现中心录音仪对全线的录音仪进行统一管理、配置和录音资料的调听。中心录音仪通过网口与时钟网连接或将本机时间作为全网录音仪时间,分系统录音仪可从主录音仪提取时间,以保证全网统一时间。录音系统组网如图 10-5 所示。

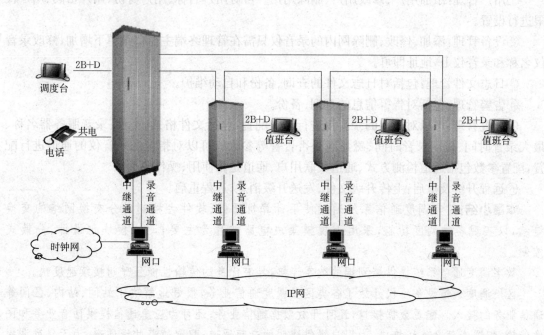

图 10-5　录音系统组网图

2. 语音录音仪功能

(1)多通道录音功能

同时对多条电话线路进行实时录音,各线路之间互不影响、分别存储,不影响通话双方正常通话。

(2)多种放音功能

①本地放音:可通过键盘、鼠标操作进入录音系统,选择需要的部分调听,系统将根据使用者输入的信息和权限播放符合要求的录音资料。

②电话远程放音:可通过调度系统内的任一电话,拨打调度系统内的任何一台录音仪,通过语音提示,选择通道号及时间进行电话远程放音。

③网络远程放音:通过中心录音仪可通过网络调听全线的任一台录音仪的录音资料,包括语音文件的查询、备份及调听。

(3)监听功能

可通过电话拨入录音系统,还可选择相应的通道,实时监听。用户挂机或监听时间到1 h,系统自动关闭放音通道。监听时不会影响通话人通话,也不会影响录音质量。

(4)管理功能

①用户管理:添加用户、修改用户、删除用户。可对用户名称、用户身份、用户密码、用户权限进行设置。

②设备管理:添加、修改、删除网内的录音仪只需在管理终端主窗口菜单下增加、修改录音仪名称和录音仪 IP 地址即可。

③日志文件管理:包括对日志文件的查询、备份和自动维护。

④告警管理:包括对告警信息的查询、备份。

⑤配置管理:可以对指定的录音仪进行参数配置,包括文件格式、类型、录音服务器名称、最大录音时间、最小录音时间、磁盘满是否告警等参数。可以对指定的录音仪的通道进行配置,配置参数包括通道检测方式、通道关联用户、通道是否使用、操作界面。

⑥远程升级及重启:上传升级文件、发送升级消息、远程重启。

本章小结:数字调度通信系统通过使用计算机硬件、软件去控制时分交换网络的交换接续,以实现各种调度功能,采用大规模集成电路芯片为主要器件,模块化设计、分散式控制。

数字调度通信系统提供端到端的数字连接,具有优良的传输性能且呼叫接续速度快。

区段调度通信设备不仅开放了各类区段调度通信业务,很好地解决了站间、站内、区间等通信业务的接入。配置数据接口,还可开放数据通信业务;还可为应急通信提供话音业务和图像传输;配置音频 2/4 线接口,为用户提供透明的音频通道;配置随着共线通道,为无线列调提供通道,为区段通信数字化、网络化奠定了基础。

思考题

1. 简述 FAS 系统的概念。
2. 简述数字时分交换的基本原理。
3. 简述 FAS 系统的组网方式。
4. 简述值班台的组成和功能。
5. 简述数字调度交换机的基本组成。
6. 简述录音仪的功能。

第十一章
综合视频监控系统

本章提要：本章主要介绍铁路综合视频监控系统的组成及工作原理、综合视频监控系统总体结构、综合视频监控系统的功能及综合视频监控系统的应用。

第一节　综合视频监控系统的构成

铁路综合视频监控系统直接服务于铁路客货运输生产,各编组站、大型客运站、高速铁路、铁路局、铁路总公司的各级用户,根据需要,可选择实时调用或回放各采集点视频图像。该系统是运输安全的重要监控手段。

一、综合视频监控系统的概述

铁路综合视频监控系统是采用网络化、数字化视频监控技术和 IP 传输方式构建的视频监控系统。该系统旨在为铁路各业务部门,包括调度、车务、客运、机务、工务、电务、车辆、公安等,提供一套完整、统一的视频监控平台,实现通信/信号机房内、区间 GSM-R 基站、车站咽喉区、牵引变电所、开闭所、分区所、电力配电所、公跨铁立交桥、桥梁救援疏散通道、隧道口、正线与联络线结合处及铁塔巡视的实时监控、图像存储、历史图像查询等功能。满足铁路各业务部门及铁路其他信息系统对视频信息的需求,从而实现网络和视频信息资源共享。

对铁路综合视频监控系统的整体需求是：

(1)可以不受时间、地点的限制,对任何监控目标进行实时监控、管理并观看。

(2)可实现跨地域、跨专业的统一监控、统一调度、统一存储、统一管理和资源集中与共享。

(3)可与其他系统进行联动。

(4)具有行为分析功能。

174

二、综合视频监控系统的设备组成及工作原理

(一)综合视频监控系统的设备组成及工作原理

综合视频监控系统由前端设备、传输部分、后端的存储、显示及控制部分组成,如图 11-1 所示。

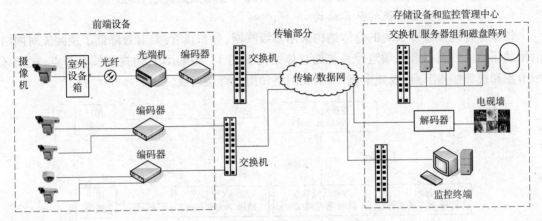

图 11-1 综合视频监控系统的基本组成

1. 前端设备

前端部分包括摄像机及与之配套的附属设备(如云台、防护罩、室外防护箱、照明装置等)和视频编码器等。主要完成对被监视区域图像信息的连续采集,以及对采集到的视频和音频信息进行压缩编码、数字化处理等。

2. 传输部分

传输部分主要完成音频、视频及控制信息的传输。一方面,将前端采集到的视频、音频信息传送到监控中心;另一方面,将控制信号从监控中心传向前端摄像机及镜头、云台等受控对象。

在视频监控系统中,视频信号的传输方式主要根据传输距离的远近、摄像机的多少来决定。传输距离较近时,视频信息采用同轴电缆的基带传输方式,即视频信号直接从摄像机传输至视频编码器;传输距离较远时,采用光纤作为介质的频带传输方式;如果是大规模的分布式系统时,采用 IP 网络与光纤组合的传输方式。

3. 存储部分

存储部分主要完成视频信息的存储、存储容量和性能扩充及数据管理等。存储设备有硬盘录像机、存储服务器、磁盘阵列等,采用 NAS、SAN、磁盘阵列等方式进行数据存储,可保证数据的大容量可靠存储。

4. 显示及控制部分

显示及控制部分可实现全网视频统一调用、控制及显示,实现对视频的远程访问、视频流接收、数字视频的解码显示和大屏幕视频显示控制等功能。显示及控制部分包括:管理服务器、视频分发服务器、告警服务器、监控终端和电视墙模块等。其中,管理服务器(简称"AMS")是监控系统的控制核心,通过 AMS 可实现对各站点的控制管理。

(二)综合视频监控系统的总体结构

铁路综合视频监控系统的总体结构采用多级联网、分布式管理,有效降低了视频流对网络的承载压力。铁路综合视频监控系统的总体结构如图 11-2 所示,它由视频核心节点、视频区域节点和视频接入节点、视频采集点、承载网络和用户终端组成。

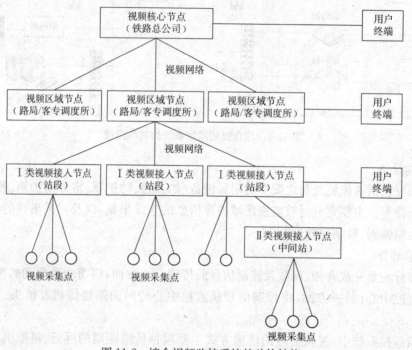

图 11-2　综合视频监控系统的总体结构

1. 视频采集点

视频采集点是前端设备安装的场所,其可根据各专业图像采集的需要在相应处所设置包括摄像机及与之配套的附属设备等前端采集设备,用于对视频图像信息进行采集。

铁路综合视频监控系统的视频采集点前端设备,一般设置在沿线车站咽喉区、公跨铁立交桥、车站通信机房/信号机房/信息机房、沿线 GSM-R 基站、信号中继站、线路所、直放站、牵引变电所、分区所、电力配电所及车站站内重点区域等需要进行视频监控的地点。

2．视频接入节点

视频接入节点分Ⅰ类接入节点和Ⅱ类接入节点。

（1）Ⅰ类视频接入节点

Ⅰ类视频接入节点是具有视频信息的接入、存储、分发及转发、调用、控制、系统管理,以及与其他业务系统互联和联动等功能的节点,可设置在大型客运站、编组站或段（所）所在地等。

Ⅰ类视频接入节点设备由管理服务器、视频编码器、存储设备、行为分析仪、网络设备,以及配套软件等组成。

（2）Ⅱ类视频接入节点

Ⅱ类视频接入节点是具有视频信息的接入、存储、分发及转发功能的节点,可设置在视频采集点较集中的位置和其他车站。

Ⅱ类视频接入节点由视频编码器、行为分析仪、网络设备及配套软件等组成。

3．视频区域节点

视频区域节点是路局综合视频监控系统的管理中心,负责全线视频监控设备及网络的统一管理和调度,具有对本区域视频信息的存储、分发及转发、调用、控制、系统管理,以及与其他业务系统互联等功能,其设置在铁路局。

视频区域节点设备由管理服务器、数据库服务器、存储设备、视频分发服务器、接口服务器及配套的网络设备、电源,以及配套软件等组成。

4．视频核心节点

视频核心节点是具有视频信息的存储、分发、调用、控制、系统管理及与其他系统互联等功能的节点,其设置在铁路总公司。

视频核心节点是全路铁路综合视频监控系统的重要节点,由服务器设备、存储设备、大屏显示设备、配套的网络设备、电源设备及配套软件组成。

5．用户终端

用户终端是经过系统注册并授权使用视频信息、数据信息的终端设备,主要包括:视频管理终端、用户监视终端和显示设备。

视频管理终端分为业务管理终端和设备管理终端,为网管用户使用。其中,业务管理终端主要完成对用户和视频资源的维护管理,可以实现对授权的视频进行浏览和查询;设备管理终端主要完成对设备和网络的维护管理。

用户监视终端是为视频用户提供视频操作和浏览界面,用户通过监视终端调看实时和历史视频图像,对视频内容分析产生的告警进行确认处理,并根据权限对摄像机进行云镜控制。

显示设备是用于显示视频及相关信息的设备,包括 DLP 一体化投影单元、LCD 液晶显示器、LED 显示器、视频监视器等。

6. 承载网络

铁路综合视频监控系统的视频业务通过数据网承载,视频采集点的视频信息可通过光缆、电缆或无线传输等方式接入到所属的视频接入节点。

在采集点相对分散的情况下,部分采集点的视频信息通过各种方式(包括电缆接入、光缆接入及无线接入)汇聚到Ⅱ类视频接入节点,再通过 SDH/MSTP 或数据网等传输方式接入到所属Ⅰ类视频接入节点。

Ⅰ类视频接入节点应通过铁路数据通信网等传输方式接入到所属视频区域节点。视频区域节点应通过铁路数据通信网等传输方式接入到视频核心节点,视频区域节点间互通应采用铁路数据通信网等传输方式。视频网络结构如图 11-3 所示。

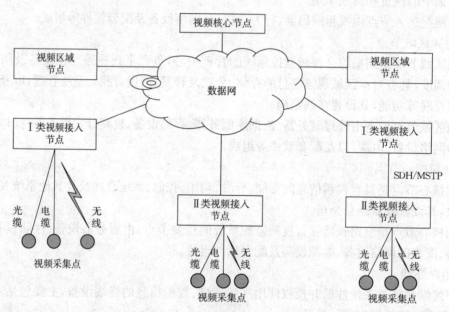

图 11-3　视频网络结构示意图

(三)综合视频监控系统实例

图 11-4 为京沪综合视频监控系统结构图,该系统按区域节点、接入节点、视频采集点组建。

系统在调度所设置视频区域节点(监控中心),在大型车站及沿线车站各设置Ⅰ类接入节点(或称监控分中心),在车站机房、基站、信号中继站、牵引变电所、配电所等设置Ⅱ类接入节点(或称区间监控站)。在沿线通信信号机房、配电所、牵引变电所、AT 所、分区所、开闭所、公跨铁立交桥、车站咽喉区及车站站内重点区域等地设置视频采集点。

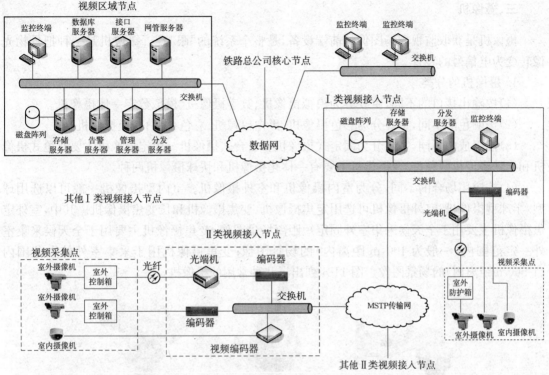

图 11-4 京沪综合视频监控系统结构

(四)综合视频监控系统的功能

综合视频监控系统的主要功能应包括:视频图像的采集、处理、实时监视、存储、回放、云镜控制、视频分发及转发功能、视频内容分析、告警、联动、系统互联、业务和设备管理等。铁路综合视频监视系统的主要功能可概况如下:

(1)视频图像的采集和处理。

(2)多用户同时实时监视和调看视频图像信息,为多业务部门提供监视图像。

(3)对监视区域的图像进行远程控制和分级管理。

(4)图像存储记录和多级分发,能够对存储图像进行检索和回放。

(5)监视图像信息和声音信息应具有原始完整性,并能实现多画面组合和分割显示。

(6)与其他系统(如应急通信、GIS、TDCS/CTC、货运安全检测、机房环境监控、电力SCADA、防灾监测、旅客服务信息等系统)互联或告警联动。

(7)视频丢失告警。

(8)系统管理和用户管理。

三、摄像机

摄像机是获取监视现场图像的前端设备,是整个系统的"眼睛"。摄像机是一种把景物光像转变为电信号的装置。

1. 摄像机的分类

(1)按输出接口的不同,主要分为模拟摄像机、数字摄像机、模拟数字一体摄像机。

(2)按颜色的不同,主要分为彩色摄像机、黑白摄像机、彩色/黑白转换摄像机。

(3)按组成的不同,主要分为固定式摄像机和云台式摄像机。固定摄像机主要有枪式摄像机和半球摄像机两种;云台摄像机主要有一体化摄像机和快球摄像机两种。

(4)按应用场合的不同,分为室内摄像机和室外摄像机。室内型摄像机一般可以选用球型/半球型摄像机;室外摄像机可选用定焦摄像机、变焦摄像机和长变焦摄像机。其中,室外定焦摄像机主要用于全天候采集室外固定短距离场景图像;变焦摄像机主要用于全天候采集室外一定范围内(一般为 100 m 距离内)的场景图像;变焦摄像机用于采集室外较大范围内(1 500 m 距离内)的场景图像。图 11-5 列出了几种常用的摄像机。

（a）室内半球摄像机　　　（b）室内快球摄像机　　　（c）一体化摄像机

（d）铁塔巡视变焦摄像机　　（e）求援疏散通道定焦摄像机

图 11-5　摄像机的举例

2. 摄像机的附属设备

摄像机的附属设备包括:云台、防护罩、室外设备箱、照明装置等。

（1）防护罩主要是防止摄像机和镜头遭到人为破坏，避免它们受到周围环境的不良影响。

（2）支架是用于固定摄像机、防护罩、云台的部件。一般利用支架将摄像机、防护罩和云台固定到墙壁、天花板、柱子和建筑物上，以实现对场景的监控。

（3）云台是安装、固定摄像机的支撑设备，是承载摄像机进行水平和垂直两个方向转动的装置。利用云台带动摄像机做水平转动和俯仰运动，以使其指向所需的特定目标。

（4）室外控制箱的主要作用是对箱内的设备进行防护。控制箱主要包括：视频光端机、光缆终端盒、空开、防雷设备、变压器等。

（5）红外灯在视频摄像机光线不足时提供光源补偿，使摄像机成像清晰。红外灯按其红外光辐射机理分为半导体固体发光（红外发射二极管）红外灯和热辐射红外灯两种。

四、编/解码器

（一）编码器

编码器是整个视频监控系统中一个重要的设备，其将模拟视/音频信号、各种告警信号、摄像机的 PTZ 控制信号及低速串行数据进行 MPEG-4 或 H.264 数字化编码，图像分辨率有 4CIF/2CIF/HALF D1/CIF/QCIF，然后通过 IP 网络以 25 帧/s 的速率传送动态图像。编码器负责把多路模拟的视频、音频信号（如摄像机、麦克风、音箱等视/音频源信号）进行数字化和压缩编码，形成 IP 数据包，利用网络传送到指定的目的地址。

实际中，编码器硬件需安装在机房机架上，由螺丝固定，避免碰撞或跌落。

1. 视频压缩的目的

图像数字化之后的数据量非常大，在通信网上传输时很浪费时间，在存储介质上存储时很占"地盘"，因此就必须要对图像数据进行压缩编码。压缩编码的目的就是要满足存储容量和传输带宽的要求，而付出的代价是大量的计算及一定的质量损失。

2. 视频压缩的分类

视频图像数据具有极强的相关性，也就是说有大量的冗余信息。其中冗余信息可分为空间冗余信息和时间冗余信息。压缩技术就是将数据中的冗余信息去掉（去除数据之间的相关性）。压缩技术包括帧无损和有损压缩、帧内和帧间压缩等。

3. 视频编码标准

铁路综合视频监控系统规范要求音/视频编码器支持 MPEG-4、H.264 视频编/解码标准，以下对这两种标准做简单介绍：

（1）MPEG-4

在 MPEG（运动图像专家组）系列压缩方式中，MPEG-4 技术属于是码流与画质比中较好的一种。MPEG-4 采用帧间压缩方式，利用帧之间的冗余信息大大减少压缩数据量，达到同样的视频质量 MPEG-4 所需的码率只有 M-JPEG 的 1/30，甚至更少。

MPEG-4 标准的占用带宽可调,占用带宽与图像的清晰度成正比。以目前的技术,占用带宽大致在几百 K 左右。

(2)H.264

H.264 标准是 ITU-T 的 VCEG(视频编码专家组)和 ISO/IEC 的 MPEG(活动图像专家组)的联合视频组(Joint Video Team,JVT)开发的标准,也称为 MPEG-4 AVC,它作为 MPEG-4 Part10,是"高级视频编码"。H.264 具有很强的抗误码特性,可适应丢包率高、干扰严重的信道中的视频传输。在不影响图像质量的情况下,与采用 M-JPEG 和传统的 MPEG-4 Part2 标准相比,H.264 编码器可使数字视频文件的大小分别减少 80% 和 50% 以上。由于能够提供如此强大的压缩能力,H.264 成为极其适用于视频监控应用的压缩标准。

H.264 的出现为低码流网络传输的实现提供了解决方式,也使得现有带宽的情况下多路数网络视频服务器的应用成为可能。

4.编码器的视频分辨率

视频分辨率是一项非常重要的技术指标,目前,视频监控系统最主要的分辨率有 QCIF(176×144)、CIF(352×288)、2CIF(704×288)、4CIF(704×576)、HALF D1(704×288)、D1(720×576)等。

CIF 分辨率是主流分辨率,目前大部分产品采用 CIF 分辨率,优点是存储量较低,能在普通宽带网络中传输,图像质量较好,能被大部分用户所接受,缺点是图像质量不能满足高清晰的要求。

4CIF 和 D1 分辨率相差不多,技术原理不同。4CIF 将画面切割成四个 CIF 大小的画面分别处理然后进行大画面合成;D1 指单个大画面,也可分割成多个 CIF 画面。4CIF 和 D1 分辨率是目前和将来的主流分辨率,图像清晰但存储量高,网络传输带宽也要求很高。随着计算机处理能力的提高、存储设备的发展和网络带宽的扩大,高清晰度分辨率将成为主流选择。

铁路综合视频监控系统使用的编码器支持 CIF 和 D1 两种分辨率格式。

(二)解码器

视频解码器又叫数字矩阵,是把数字音/视频信号变为模拟音/视频信号的设备。其接收 IP 网络中的音/视频数据流,将数字信号转换为模拟信号,输出到电视墙、多媒体大屏幕和功放等模拟音/视频设备,通常部署在用户的监控中心。

五、行为分析模块

(一)行为分析的概念和目的

在视频监控系统中,往往需要检测特定区域内的违法活动,即进行视频的行为分析。

行为分析技术是指利用现代计算机视觉的方法,在不需要人为干预的情况下,通过对摄像机拍摄的视频序列进行实时自动分析,实现对视频场景中所关注目标的定位、识别和跟踪,并在此基础上分析和判断目标的行为,以侦测和应对异常情况。

行为分析分为前端分析和后台分析。前端分析是通过独立的视频内容分析模块或利用嵌入到编码器或摄像机中的硬件处理器完成核心算法的运行和相关计算,实现视频内容分析;后台分析是在视频接入节点的计算机/服务器上安装视频内容分析软件,对接收到的视频内容进行分析。

(二)行为分析的主要功能

根据铁路视频监控系统的要求,对区间通信信号机房口、联络线与正线连接处、桥梁救援疏散通道等地进行视频行为分析。行为分析模块的主要功能有:

(1)入侵检测功能。在摄像机监视的场景范围内,可根据监控需要和目的设置警戒区域,系统可以自动检测入侵到警戒区域内的运动目标及其行为,一旦发现有满足预设警戒信息,并用告警框标示出进入警戒区的目标,同时标识出其运动轨迹。

(2)遗留物检测功能。为了防止不法人员对一些重要设施进行破坏,如在重要设施旁丢弃易燃、易爆等危险物品,采用不明遗留物检测,可防止重大事故的发生。

(3)人群异常行为检测功能。在摄像机监视的场景范围内,根据监控需要和目的设置警戒区域,系统可以自动检测入侵到警戒区域内的运动目标及其行为,一旦发现有目标在警戒区域徘徊时间超过设定好的时间,则自动产生报警信息。

(4)人口密度估计功能。通过摄像机采集视频信息,并运用智能视频分析技术分析画面中的活体移动目标,并统计计算设定区域内的目标数量和密度,当数量值超过预设的阈值时自动产生报警信息,提示监控人员采取针对性的措施。可应用于对铁路候车或车站站前广场人群突发性增长、车站站台候车人员大量聚集的监测。

铁路综合视频监控系统通过行为分析技术的运用,自动对重点部位的异常情况进行报警,辅助监控人员及时响应。具体来讲,行为分析主要应用在重要区段及咽喉区入侵检测、公跨铁区域高空落物分析、客运丢包探测、逆行探测及摄像机的自身维护当中。

(三)行为分析模块在系统中的位置

行为分析模块是前端连接摄像机的一种设备,其在系统中的位置如图11-6所示。图中,行为分析模块从摄像机获取模拟视频信号,经过视频行为分析处理后将带有分析结果的模拟视频流传输给编码器。编码器把编码后的视频流传输给视频分发服务器,再由视频分发服务器通过网络把视频发送给监控终端显示。

图11-6 行为分析在系统中位置示意图

六、视频服务器

视频服务器是指用于后台实现分发、网管、接口、数据库、告警、防病毒等功能的各类服务器的统称。根据功能的不同,视频服务器分为存储服务器、告警服务器、管理服务器、录像服务器等。

1. 管理服务器

管理服务器的简称是"AMS",服务器上安装应用服务功能。管理服务器作为监控系统的控制核心,管理存储服务器、分发服务器和告警服务器,实现视频信息的不同应用。如视频网管终端要点某一个点的图像并进行 PTZ 控制,是将信息先送给 AMS 服务器,AMS 服务器通过网络实现对视频点的相关控制。

2. 存储服务器

存储服务器既具有存储功能,又有对存储数据的管理功能。

3. 数据库服务器

数据库服务器存储系统数据,并为监控终端的各种操作提供数据接口。

4. 告警服务器

告警服务器负责提供并存储告警录像。

5. 分发服务器

分发服务器向其他中心提供复制的视频信息。

6. 存储分发服务器

存储分发服务器复制编码器的图像信息,向磁盘阵列存储视频并为各监控终端提供实时和历史图像源。

7. 网管服务器

网管服务器储存储设备告警信息,为视频网管和其他系统提供设备信息。

8. 行为分析服务器

行为分析服务器是指后端处理计算分析行为场景的服务器。

七、存储设备

存储设备是用于储存信息的设备。视频信息应采用合适、安全、有效的技术方案,存放在具有冗余、保护等功能的物理媒介中。

1. 存储设备的类型

视频数据量非常大,对存储设备要求很高。视频存储设备包括:硬盘录像机、存储服务器、磁盘阵列等。

(1)硬盘录像机:较多应用在前端存储的工程中,这类工程的采集点一般设置的较为分散,存储视频的数据量较小。

（2）存储服务器：较多应用在接入节点或区域节点进行集中存储的工程中，这类工程的存储点中处理的视频数据量较大，系统对存储设备的管理较为集中。

（3）磁盘阵列：视频监控系统中，磁盘阵列 RAID（Redundant Arrays of Inexpensive Disks）主要用于视频的存储及视频回放检索。

RAID 的中文意思是独立冗余磁盘阵列，它是一种把多块独立的硬盘（物理硬盘）按不同的方式组合起来形成一个硬盘组（逻辑硬盘），从而提供比单个硬盘更高的存储性能与数据备份能力的技术。RAID 技术主要包含 RAID 0～RAID7 等 8 个规范，各个规范在存储性能、数据安全性和存储成本方面各不相同，铁路规范要求磁盘阵列支持 RAID5、RAID6 和 RAID TP 等硬盘管理技术。

2. 存储设备的功能

（1）能实时将视频信息进行自动连续存储，或根据设定的事件、时间、地点等条件进行存储。

（2）支持对重要视频信息的备份存储。

（3）能根据需要进行减帧存储。

（4）能按照不同安全性等级，采用不同图像分辨率进行存储。

（5）能对不同视频流分别设定存储空间，并支持循环存储。

3. 存储设备的存储方式

视频监控系统中，视频存储设备分为内置存储和外置存储两大类，外置存储又分为直连式存储和网络存储两类。直连式存储有 DAS 存储，网络存储可分为 NAS（网络附加存储）和 SAN（存储区域网络）。

（1）直接附加存储（Direct Attached Storage，DAS）

DAS 存储架构是比较传统的存储形式，服务器直接连接存储设备，如磁盘阵列。连接方式有两种，即 SCSI 线缆和光纤通道，如图 11-7 所示。网络对 DAS 的管理是分散的，资源利用率较低，当存储容量增加时，很难扩展。分散存储一般设置在前端设备处，主要适用于传输通道带宽受限的情况下。

（2）存储区域网络（Storage Area Network，SAN）

SAN 方式是在网络服务器的后端，采用光纤通道协议连接成高速专用网络，使网络服务器与多存储设备直接连接的，如图 11-8 所示。SAN 通常由存储设备（如磁盘阵列等）和光纤交换机组成。SAN 具有高性能、高扩展性、高可靠性、简单、集中管理等特点，但采用此方式成本较高。

（3）网络附加存储（Network Attached Storage，NAS）

NAS 将存储设备连接到现有的网络上，提供数据和文件服务，其存储方式如图 11-9 所示。这种方式具备了磁盘阵列的所有主要特征：高容量、高效能、高可靠。NAS 同时也存在访问效率低、后期扩展费用高等问题。

图 11-7　DAS 存储方式

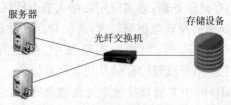

图 11-8　SAN 存储方式

DAS 和 SAN 主要是进行"块"存储,而NAS 主要是进行"文件"存储。比较之下,DAS 是分散存储方式,而 NAS 和 SAN 都是集中存储方式。集中存储方式下,需考虑网络线路中断时,可能引起监控视频丢失,所以监控系统设计时要考虑集中存储和前端保活备份存储相配合,即在网络线路故障时,前端

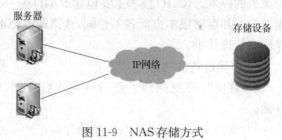

图 11-9　NAS 存储方式

可以根据策略保存一定时间的数据存储,网络恢复后数据再备份至中心存储。

铁路综合视频监控系统存储方案采用集中和分散相结合的方式,即调度所和车站存储相结合。调度所存储全线的报警信息及用户设定的其他重要信息;车站存储本站和就近的区间节点视频信息。

(4)视频图像的存储时间

①普通视频图像宜按 3 天进行存储,图像分辨率不低于 CIF,图像帧率支持 1~25 帧/s 可调。

②重点目标及重点防范区域的视频图像宜按 15 d 进行存储,图像分辨率不低于 4CIF,图像帧率支持 1~25 帧/s 可调。

③告警图像及告警信息宜按 30 d 进行存储,图像分辨率不低于 4CIF,图像帧率为 25 帧/s。

八、视频监控终端

视频监控终端是综合视频监控系统中的后端设备,它由 PC 机和相应的软件组成。视频监控终端设置在路局调度所、车站、通信段、车间、公安派出所、保养点,动车所等。在视频区域节点的授权范围内,各监视终端实现对管辖区内各类视频采集点的分专业、分区域远程监控及实时图像调用。

视频监控终端可点播或轮巡播放实时音视频;显示实时告警信息;云台控制(上、下、左、右、调焦、聚焦、光圈、预制位、雨刷等);手动录像、抓拍;回放图片及录像(手动、告警);查询历史告警信息;系统管理员可远程管理管理服务器等。

第二节　综合视频监控系统的应用

综合视频监控系统作为高速铁路通信系统的子系统之一,负责车站及线路重点区域、设备机房等重要处所的监控,是保障铁路行车安全的重要设施,应用越来越广泛,其在铁路运输生产中的作用也日益重要。

综合视频监控系统主要有摄像机、防护箱、光端机、编码器、各类服务器及磁盘阵列组成,下面对各单项设备的类型、功能及指示灯含义进行简要介绍。

一、摄像机

摄像机用于采集前端模拟视频信号设备,按照功能可分为:

(1)室内半球摄像机,如松下 WV-CF334 型等。

(2)室内快球摄像机,如松下 WV-CS570 型等。

(3)室外定焦摄像机,主要有摄像机、镜头、红外灯等三部分组成,如松下 WV-CP504D 摄像机、富士能 FY27V13AR 镜头和英诺威尔 SL100M30S 红外灯等。

(4)室外变焦摄像机,如松下 WV-CP504CH 摄像机、富士能 D8X7.8HA-YE2 镜头、亚安 YP3060 云台和英诺威尔 SL100M30S 红外灯等。

(5)室外长变焦摄像机,如博世 LTC0620/11 摄像机、肯高 KZ10330、富士能 D32X15.6HR4D-YE1 镜头、亚安 YP3081 云台等。

二、室外防护箱

1. 室外防护箱概述

室外防护箱在综合视频监控系统中属于前端视频采集设备,提供前端设备的集中管理,为室外摄像机提供视频信号、电源防雷接口、光纤熔接接口、电源输入/输出接口、视频输入/输出接口,以及各类跳线接口等,由光端机、光缆终端盒、电源防雷器、视频防雷器、控制线防雷器、10 A 空开、5 V 直流电源、24 V 交流电源、各种接线端子等组成。

2. 常用室外防护箱接口介绍

(1)SKX1-2 型变焦/定焦防护箱

SKX1-2 型变焦/定焦防护箱接口如图 11-10 所示。

(2)SKX2-2 型变焦/定焦/铁塔防护箱

SKX2-2 型变焦/定焦/铁塔防护箱接口如图 11-11 所示。

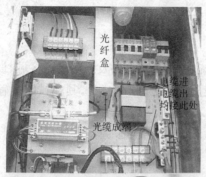

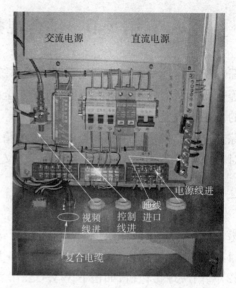

图 11-10　SKX1-2 变焦/定焦防护箱接口示意图　　图 11-11　SKX2-2 变焦/定焦/铁塔防护箱接口示意图

三、光端机

光端机用于将摄像机输出的模拟电信号长距离传送,在光端机发射端将电信号转化为光信号,经过光缆传送到机房后,再由光端机接收端还原为电信号使用。下面以武汉微创 WTOS 系列视频光端机为例进行简要介绍。

1. 设备型号

(1)光端机发端型号:WTOS-VT-T117D。

(2)光端机收端型号:WTOS-VT-R117D。

2. 设备指示灯含义

(1)发射机

发射机面板如图 11-12 所示。

①POWER:灯亮,表示电源工作正常。

②LINK:灯亮,表示往本端设备方向的收光正常。

③DATA:灯亮,表示数据通信正常。

④光纤接口:标识为 Fiber,用于连接光纤线路,为 FC/PC 接口。

⑤V1/V2:灯亮,表示对应接口视频信号正常,对于 1 路或 2 路视频/多路数据光端机,则多余的视频指示灯不亮。

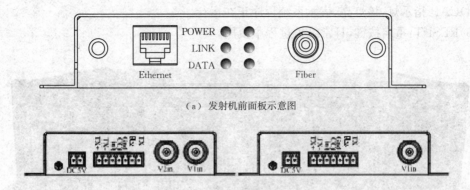

（a）发射机前面板示意图

（b）发射机后面板示意图

图 11-12　发射机面板示意图

（2）接收机

接收机后面板如图 11-13 所示。

图 11-13　发射机后面板示意图

①V1/V2：视频指示灯，当端口有视频输入时，对应的视频指示灯被点亮。

②POWER：电源指示灯，设备加电后该灯被点亮。

③LK：收光指示灯，当收到从接收机方向传来的光信号时被点亮。

④DATA：数据同步指示灯，当有数据通信时该灯闪烁。

四、行为分析模块

行为分析模块采用图像处理和计算机视觉处理技术，针对关键固定场景进行实时视频监控分析，检测并跟踪进入固定场景的目标，根据用户所设置的规则触发报警，将报警信息叠加到视频图像上，以模拟视频的形式输出。下面以国铁华晨 DVE-IE1001 设备为例做简要介绍。

1. 设备面板

DVE-IE1001 设备前面板如图 11-14 所示。

2. 设备指示灯及按钮含义

（1）STB 电源指示灯，该灯常亮，表示设备已经供电。

（2）PWR 电源指示灯：该灯常亮，表示系统已经加电。

（3）HDD 指示灯：该灯闪烁，表示设备正在读/写数据。

（4）CAP 指示灯：该灯亮，表示系统程序正在运行。

（5）RESET：重启按键，日常维护过程中慎用。

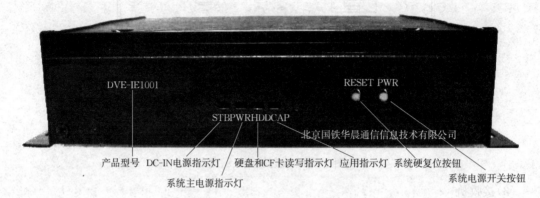

图 11-14　DVE-1E1001 设备前面板示意图

五、视频编码器

视频编码器用于实现将模拟信号转换为数字信号，以便进行网络传输和数字存储。下面以国铁华晨系统常采用的 DVE6040、AXIS Q7404 介绍如下：

1. DVE6040

（1）设备面板

DVE6040 设备前面板如图 11-15 所示。

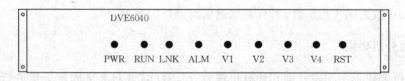

图 11-15　DVE6040 设备前面板示意图

（2）设备指示灯及按钮含义

①PWR 电源指示灯：该指示灯常亮时，表示设备已经供电。

②RUN 系统运行状态指示灯：该灯常亮，表示设备运行正常。

③LNK 网络连接状态指示灯：该灯常亮，表示以太网口连接正常。

④ALM 报警指示灯：红灯闪烁时，表示设备运行异常。

⑤V1 视频输入第一路状态指示灯：该灯常亮，表示该路编码器通道已经启动。

⑥V2 视频输入第二路状态指示灯：该灯常亮，表示该路编码器通道已经启动。

⑦V3 视频输入第三路状态指示灯：该灯常亮，表示该路编码器通道已经启动。

⑧V4 视频输入第四路状态指示灯：该灯常亮，表示该路编码器通道已经启动。

⑨RST：重启按键，日常维护过程中慎用。

2. AXIS Q7404

AXIS Q7404 设备指示灯含义具体如下：

①NET 网络指示灯：该灯绿色常亮时，表示速度 100 Mb/s；该灯绿色闪烁时，表示有网络流量；该灯橙色常亮时，表示速度 10 Mb/s；该灯橙色闪烁时，表示有网络流量；该灯不亮时，表示无网络连接。

②PWR 电源指示灯：该灯绿色常亮，表示电源供电正常；该灯橙色常亮，表示正在开机、恢复出厂设置或恢复。

③STAT 通道状态指示灯：该灯绿色常亮，表示该通道正常工作。

六、服务器

服务器用于实现分发、网管、接口、数据库、告警、防病毒、认证、目录等功能。下面以 HP DL380G7 服务器、IBM X3650M3 服务器为例来介绍：

1. HP DL380G7 服务器

指示灯含义说明如下：

(1)前面板指示灯

①UID 灯及按钮：蓝色表示激活；闪烁表示被远程管理中；关闭表示没有激活。

②系统健康灯：绿色表示正常；琥珀色表示系统降级；红色表示系统存在严重问题。

③开机/关机按钮及系统电源灯：绿色表示正常运行；珀色表示加电没有开机；关闭表示没有加电。

(2)系统状态面板指示灯

①网卡指示灯：该灯绿色，表示网络已链接；该灯绿色闪烁，表示网络连接且为活动的；该灯关闭，表示网络未连接。

②POWER CAP 指示灯：该指示灯和电源按键/指示灯共同使用。关闭，电源灯黄色—备用；绿色，电源灯闪绿色—等待加电；闪琥珀色，电源灯琥珀色—POWER CAP 值被超越；绿色，电源按钮灯绿色—电力空闲。

(3)内存保护模式指示灯

①绿色表示内存保护模式开启。

②琥珀色，表示故障切换中；琥珀色闪烁，表示错误的配置；关闭，表示内存保护模式关闭。

(4)其他指示灯

其他指示灯包括：POWERSUPPLY—电源指示灯、OVERTEMP—过温指示灯、

DIMMS—插槽告警、FANS—风扇指示灯等,状态含义:关闭时,表示正常;琥珀色,表示该硬件故障。

2. IBM X3650M3 服务器

系统指示板指示灯含义说明如下:

(1)PS1 指示灯:当此指示灯发亮时,表明电源 1 出现故障。

(2)PS2 指示灯:当此指示灯发亮时,表明电源 2 出现故障。

(3)TEMP 指示灯:当此指示灯发亮时,表明系统温度超出阈值级别。

(4)FANS 指示灯:当此指示灯点亮时,表明散热风扇或电源风扇出现故障或运行太慢,风扇发生故障还会导致 OVER TEMP 指示灯发亮。

(5)VRM 指示灯:当此指示灯发亮时,表明微处理器托盘上的某个 VRM 出现故障。

(6)CPU 指示灯:当此指示灯发亮时,表明某个微处理器出现故障。

(7)PCI 指示灯:当此指示灯发亮时,表明某个 PCI 总线发生错误。

(8)MEM 指示灯:当此指示灯发亮时,表明发生内存错误。

(9)DASD 指示灯:当此指示灯发亮时,表明某个热插拔硬盘驱动器出现故障。

(10)NR 指示灯:当此指示灯发亮时,表明存在两个电源,但电源并不冗余。

(11)NMI 指示灯:当此指示灯发亮时,表明出现一个不可屏蔽中断(NMI)。

(12)SP 指示灯:当此指示灯发亮时,表明服务处理器遇到错误。

(13)EXP 指示灯:当此指示灯发亮时,表明某个连接的 I/O 扩展单元出现故障。

(14)LOG 指示灯:当此指示灯发亮时,表明您应该查看事件日志或 REMOTE SUPER-VISOR ADAPTER II 日志以获取有关非最佳条件的信息。

(15)OVER SPEC 指示灯:当此指示灯发亮时,表明对电源的需求超过了指定的电源供应。

(16)REMIND 按钮:按下此按钮,可重新设置操作员信息面板上的系统错误指示灯,并将服务器置于提醒方式。在提醒方式下,故障并没有清除但系统错误指示灯会闪烁(每 2 s 闪烁一次)而不是持续发亮;如果出现另一个系统错误,则系统错误指示灯将会持续发亮。

七、磁盘阵列

磁盘阵列是一种大容量存储设备,用于存储视频录像信息。常用的设备为 EMC 系列的 CX4-240/ CX4-120。

(一)EMC CX4-240 结构介绍

最小的 CX4-240 配置由一个 2U 的 SPE,一个 1U 的 SPS 和一个 3U 的 DAE 组成,一共 6U 大小。一个满配的 CX4-240 是由 SPE 和双 SPS 及 16 个 3U 的 DAE 组成,共需要 54U 的空间。

每一个 CX4-240 控制器都包含 1 个 1.6 GHz 的双核 Intel Xeon 处理器。每个 CX4-240

控制器内部都有 4 GB 的系统缓存。在两个控制器之间都有 4 条 PCI-E 的 CMI 通道,用于控制器之间的通信和信息的传输,它还有一个重要的功能就是为存储系统的写缓存做镜像,防止因为单个控制器的故障导致的数据丢失。

CX4-240 SPE 使用 4 个 400 W 的电源,每个控制器支持"$N+1$"的电源和"$N+1$"的冷却系统,电源里包含一个温度监控的热传感器,时刻监控着系统温度的变化。冷却系统通过高速的送风机为每个电源降温。

一个单电源模块就能提供一个控制器需要的能源,一个风扇模块也能满足一个控制器的冷却需求。CX4-240 的每个控制器都能够在一个电源模块和一个风扇模块供给的情况下工作,所以如果有单个电源模块或风扇模块坏掉,控制器都可以维持高可用性。

CX4-240 SPE 使用两个 1 kW 的 SPS 用以存储系统出现断电的情况下,将写缓存中的数据写入到一些指定磁盘空间里。此外,在 CX4-240 的使用中,SPS 的功率输出不但用于 SPE 的能源供给,还用于第一个后端循环中的第一组 DAE 的能源供给。

(二)EMC CX4-120 结构介绍

最小的 CX4-120 配置由一个 2U 的 SPE、一个 1U 的 SPS 和一个 3U 的 DAE 组成,一共 6U 大小。一个满配的 CX4-120 是由 SPE 和双 SPS 及 8 个 3U 的 DAE 组成,共需要 30U 的空间。

每一个 CX4-120 控制器都包含 1 个 1.2 GHz 的双核 Intel Xeon 处理器。每个 CX4-120 控制器内部都有 3 GB 的系统缓存。在两个控制器之间都有 4 条 PCI-E 的 CMI 通道,用于控制器之间的通信和信息的传输,它还有一个重要的功能就是为存储系统的写缓存做镜像,防止因为单个控制器的故障导致的数据丢失。

CX4-120 SPE 使用 4 个 400 W 的电源,每个控制器支持"$N+1$"的电源和"$N+1$"的冷却系统,电源里包含一个温度监控的热传感器,时刻监控着系统温度的变化。冷却系统通过高速的送风机为每个电源降温。

(三)EMC CX4-240/120 指示灯含义

1. EMC CX4-240/120 机头(SPE)指示灯

(1)CPU 模块和电源指示灯:绿色常亮,表示工作正常;橙色,表示设备存在告警,需进一步判断。

(2)存储系统电源和状态指示灯:绿色常亮,表示工作正常;橙色,表示设备存在告警,需进一步判断。

2. EMC CX4-240/120 机头(SPE)硬盘柜指示灯

(1)磁盘状态灯:绿色常亮,表示连接;绿色闪烁,表示正在运行;橙色,表示磁盘报错,应尽快更换。

(2)盘柜状态灯:绿色,表示盘柜运行正常;橙色,表示盘柜有报错。

本章小结： 综合视频监控系统作为高速铁路通信系统的一部分，负责车站及线路重点区域、设备机房等重要处所的监控，是保障铁路行车安全的重要设施。

铁路综合视频监控系统是采用网络化、数字化视频监控技术和 IP 传输方式构建的视频监控系统。

1. 简述综合视频监控系统的概念和主要功能。
2. 简述视频监控系统的基本组成和工作原理。
3. 简述视频采集点、前端设备和前端采集设备的概念。
4. 简述 Ⅰ、Ⅱ 类视频接入节点及区域接入节点的主要功能。
5. 简述视频压缩编码的目的、视频编码器支持的编码标准。
6. 简述视频行为分析的功能。
7. 简述常用的存储设备及 DAS、SAN 和 NAS 存储的概念。
8. 在铁路综合视频监控系统中，视频图像的存储时间是如何规定的？

第十二章
会议电视系统与铁路应急通信系统

本章提要:铁路应急通信是指当铁路运输发生自然灾害或突发事件等紧急情况时,如无线网络未覆盖、有线通信线路遭到破坏、与外部通信系统中断时,能迅速搭建稳定、可靠的应急通信系统,及时实现在突发事故现场和救援指挥中心之间、各相关救援中心之间,以及事故现场内部建立的语音、图像、数据通信,以将造成的损失降到最低。本章系统介绍了会议电视系统和应急通信系统的基本概念、功能、组成及工作原理。会议电视系统是铁路总公司与路局、路局与基层站段等进行政策的传达、工作部署、重要决策与信息的沟通等诸多重要交流,以及对紧急突发事件和灾害发生的处理的重要通信设施。

第一节 会议电视系统

一、会议电视系统概述

(一)会议电视的基本概念

会议电视(也称视频会议),就是利用视讯技术和设备,通过现代通信网络将不同地点的会议室连接起来,在两地或多地召开实时、双向、交互式的可视会议的一种多媒体通信手段。

会议电视能实时传送与会者的形象、声音及会议资料图表和相关实物的图像等,使身居不同地点的与会者可以互相闻声见影,如同坐在同一间会议室中开会一样。利用摄像机、话筒和通信信道将一个地方会场的开会人形象、发表意见或报告内容传送到其他地点会场;并能出示实物、图纸文件和实拍电视图像以增加临场感;若辅以电子白板、书写电话、传真机等信息通信,可实现与各方会场的与会人员的研讨与磋商。这种利用一条信道同时传送图像、语音、数据等信息的方式,"面对面"可视化的效果完全可以代替现场会议。

(二)会议电视系统的功能

1. 会议通信的功能

(1)会议通信功能是视频会议系统最基本的功能,视频会议系统是利用视讯技术和设备通过现代通信网络,在远程异地以电视方式召开实时、双向、交互式的电视会议的一种多媒体通信方式。

(2)视频会议系统应具有混音、多画面功能,更加逼真地模拟出在同一会场的会议效果。

(3)视频会议系统应具有多速率适配功能,不同速率的视讯终端应能参加同一个会议,并且系统能根据网络的质量,来动态调整会议速率,达到最佳的效果,并优先保证音频质量。

2. 会议控制的功能

(1)视频会议系统要能对会议进行控制,会议控制功能可以在多总控制单元 MCU(Multi-point Control Unit)上实现,也可以在会议终端上实现。

(2)主会场实现主要控制功能。网内任意与会节点都可设置为主会场,便于用户召开现场会议。参会的任一会场都有权申请主会场的功能,对会议进行控制。主会场应能对参加会议的会场广播、轮询操作。轮询的间隔时间和轮询的会场可以自由设置。

(3)主会场应能控制会议时长,能对会议进行延长、结束等操作。

(4)主会场应能控制会议的视音频,表现为主会场可遥控操作参加会议的全部受控摄像机的动作,调整画面的内容和清晰度,应保证摄像机摆动、倾斜、变焦、聚焦等动作要求。主会场应能实现对全部会场音量调节和静音、闭音功能。

(5)全部会场应可以显示同一画面,亦可显示本地画面。全部会场的画面可依次显示或任选其一,由主会场进行操作。

3. 会议管理的功能

视频会议系统应进行统一管理和计费,CMMS 和监测管理工作站应能保证完成下列工作:

(1)视频会议预约登记。

(2)系统维护。

(3)计费。视频会议系统可根据规模、时长、质量等进行计费。

(4)网管。包括故障、性能及配置管理。

(三)铁路电视会议

1. 总公司级会议

由铁路总公司召开,主要包括铁路总公司与各路局、各站段之间的会议。铁路总公司可与任意路局、站段召开电视会议。具体可进一步分为铁路总公司—路局、铁路总公司—站段、铁路总公司—车间三种。

2. 路局级会议

由各路局自行召开,主要包含路局与各站段、各车间之间的会议。路局可与其管内的任意站段、车间召开电视会议。具体可进一步分为路局—站段、路局—车间两种。

3. 站段级会议

由站段召开,主要包含站段与各车间、车间与车间的会议。站段可与其管内的任意车间召开电视会议。站段之间不会不经过上级(铁路总公司或路局)开会,同一路局管辖内的站段不会不经过上级(铁路总公司或路局)开会。

车间至工区一般没有电视会议,多为面对面交流。

二、会议电视系统设备的组成及工作原理

会议电视系统主要由终端设备、传输信道(通信网)、多点控制单元 MCU 三部分组成,在实际应用时通常还有网络管理系统部分,其结构如图 12-1 所示。

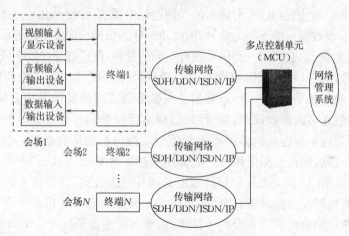

图 12-1 会议电视系统的基本结构

其中,终端设备和多点控制单元是会议电视系统特有的,传输网络则是已经存在的各类通信网。因此,会议电视在通信网上运行,必须服从网络的各项要求。

1. 终端设备

会议电视终端设备将视频、音频、数据和信令等各种数字信号分别进行处理后组合成一路复合的数字码流,再将它转变为用户、网络接口兼容的、符合传输网络所规定的信道帧结构的信号格式,再终送上信道进行传输。

2. 通信网络

会议电视的传输介质可以采用光纤、同轴、卫星等各种通信信道,还可以采用 HDSL 进行距离延伸,可以借助 ISDN、DDN、ATM 甚至 LAN 进行组网。

3. 多点控制单元 MCU

MCU 的作用就像 PSTN 中的交换机,但相比于交换机来说,MCU 处理的是图像等宽带业务,而且对业务的处理也不仅仅是交换,而是根据用户的要求,对不同的信息源作不同的处理。

4. 网络管理系统

网络管理系统用于控制和管理会议电视系统,通常兼网络管理与会议电视管理。不仅可以管理所有 MCU 和终端设备,实现系统后台控制,还能提供友好的人机界面,完成会议调度、计费管理、会议配置、会议信息管理及系统安全管理等功能。

三、多点控制单元 MCU 及控制台

(一)MCU 的功能

MCU 是一个数字处理单元,通常设置在网络节点(汇接)处,可供多个地点的会议同时进行相互间的通信。MCU 的主要功能是对输入的多路会议电视信号进行切换,但是由于会议电视信号中包含图像、语音及数据三类不同的信号,因此,MCU 的切换功能又不像电话交换那样只是简单地将话音信号进行转接,它要对三类信号进行不同的处理,而且都是在数字域中实现的。

针对视频信号,MCU 可以采取切换或混合两种处理方式,MCU 在收到所有终端送上来的视频信号之后,通常都是选择一路(通常都是主席会场或当前发言者的会场)视频将其切换分配到所有会场;但在多画面会议中,MCU 可以将多路视频信号通过分屏的方式混合成一路视频信号,然后再将这个混合后的多画面视频信号切换分配给所有会场。目前的 MCU 混合多画面最多可达 16 路,但在实际应用中一般都不超过 4 画面。

针对语音信号,MCU 也可以采取切换或混音两种处理方式,在切换方式下,MCU 将当前发言会场的语音直接切换分配到所有会场,而在混音方式下,MCU 将多个会场的语音信号进行混合处理之后再切换分配到所有会场。显然,切换方式适合于只有一个会场发言的场合,而混音方式适合于有若干个会场同时要发言或集体讨论的场合。

针对数据信号,MCU 采用广播或 MLP 方式将某一会场的数据切换到其他所有会场。

此外,MCU 还要完成对通信控制信号、网络接口信号的处理,主要功能如下:

(1)时钟和通信控制

如前所述,为了实现多点之间的信息交流,MCU 起到了"交换机"的作用。MCU 和诸多终端之间的连接呈星形状态,即参加会议的各个终端都以双向通信的方式和 MCU 相连接。MCU 按照会议控制者的要求,将多方信息进行配送。为此,MCU 的各个端口上的信息流必须同步在同一个时钟上。MCU 首先要将进入 MCU 的所有终端(或 MCU)的信号码流,都在一个统一的控制时钟上同步,并且对码流中的帧定位信号(FAS)进行校验,输出新的比特率分配信号(BAS)、复帧同步信号,以便对各端口的信息定位。

此外,MCU 还要支持各端口的信令和互通方式,支持各种通信速率,具备主席控制、语音控制、演讲人控制等会议控制功能。MCU 根据通信初始化建立过程中的会议控制指令,将收到的各个码流的能力进行比较,选择各个终端都能接受的能力(速率、编解码方法、数据协议)进行通信。

(2)码流处理

MCU 要对所有的输入码流进行处理,当然,它并不是简单的码流切换。为此,MCU 先对会议电视码流(即 H.221 建议的码流)进行解复用处理,对所解出的各路压缩数字视频信号不再解码,而采用直接分配的方式,将数字视频码流送到其该去的地方。对解出的各路压缩语音信号,进行解码,得到多路 PCM 信号,将这些多路 PCM 音频信号进行叠加,形成一个现场感很强的混合语音信号,最后将这一混合音频压缩编码后送到所有的终端。对于数据信号的处理,MCU 采用广播方式或使用 MLP 信道将源数据送往其他有关会场。

(3)MCU 的端口和连接

MCU 处在星形会议电视网的中心,它必须具备多个和终端相连接的接口,这些接口就是MCU 的端口。端口数的多少是衡量 MCU 的一个重要指标,我们总是希望 MCU 具有较多的端口数,以便组成较大规模的会议电视网。当然,一个 MCU 的最大端口数往往和各个端口所使用的速率有关。一般来说,对同一个 MCU,在速率较低时使用,可获得较多的连接端口数。由于一个 MCU 同时可接多个端口,所以只要参加会议的总点数不超过这个 MCU 的最大端口容量,它还可以同时控制若干个独立的分组会议。

由于 MCU 最大端口数是有一定限制的,因此,在遇到会议点特别多的情况时,可以将多个 MCU 级联使用,这样就可以增加会议电视系统的场点容量。一般情况下,级联的层数不超过 2 级。目前已经有一些 MCU 实现了 3 级的会议级联,可以组成更大规模的会议电视网。

在 MCU 的简单连接方式中,相连接的两台 MCU 是对等的,仅把对方看成是另一个终端,这种方式宜采用导演控制;在具有多台 MCU 的网络中,MCU 之间必须另按 H.243 定义的主、从关系连接,其中一台为主 MCU,其余皆为从 MCU,此时宜采用主席控制方式或语音控制方式。

(二)MCU 的相关标准

MCU 技术参数的国际标准中最重要的是 ITU-T H.243 建议和 ITU-T H.231 建议。

1. ITU-T H.243 建议

ITU-T H.243 建议规定了"利用 2 Mb/s 数字信道在 2 或 3 个以上的视听终端之间建立通信的方法"。该建议详细描述了终端与 MCU 之间建立通信的初始化过程、终端与 MCU 的编号、多个 MCU 的互联、视频切换、数据广播规程、主席控制模式等内容。

这一建议只适用于星形连接的多个 MCU 之间的呼叫连接。这表明采用 H.243 建议的多点通信方法时,其组网原则不适用于网状网或其他网络结构。为实现主席控制模式,在多个 MCU 的星形网中,必须设置主、从 MCU 关系,而主 MCU 应处于星形网的中心。

2. ITU-T H.231 建议

ITU-T H.231 建议规定了"用于直到 2 Mb/s 数字信道的视听系统多点控制设备",详细描述了 ITU-T H.320 多点视频会议网的组成、多点系统中 MCU 的级联、MCU 组成单元及各个部分的作用等方面的内容。它适用于 2 Mb/s 以下数字信道的多点控制单元。

(三)MCU 的原理和构成

根据 ITU-T H.231 的建议,MCU 对音频信号的处理从难到易有音频混合、组合和音频切换;对视频信号的处理也相应的有混合和切换;对数据处理单元是可选的,如果处理的话,既可以是数据广播方式,也可以是 MLP 方式。

MCU 的构成如图 12-2 所示,它主要由线路单元、音频处理单元、视频处理单元、控制处理单元和数据处理单元几个功能模块组成。

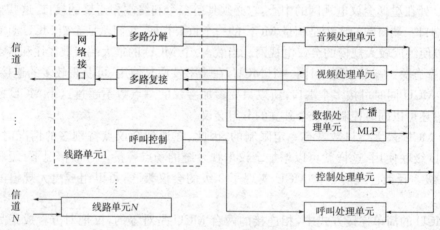

图 12-2　MCU 的构成框图

1. 线路单元

MCU 的一个线路单元对应一个端口。一个线路单元包含网络接口、多路分解、多路复接和呼叫控制四个模块。其中,网络接口模块分为输入和输出两个方向,完成输入/输出码流的波形转换,按系统时钟定位输入数据流;多路分解模块负责校验由正方向输入的 ITU-T H.221 定义的 FAS 信号,将输入数据流中的视频、音频和数据信号分别送到相应的处理单元进行处理,同时它还要反方向输出由 ITU-T H.221 和 ITU-T H.320 定义的 BAS 码流;多路复接模块将各个处理单元的数据进行复合,并插入所需的 BAS 码和相关信令,形成信道帧,输出到数字信道。

2. 视频处理单元

一般情况下,MCU 无需对视频信号进行编解码,视频处理单元只负责对视频信号进行切换选择,然后插入信道帧传到各个会场。但是,当一个会场需要在同一时间观看多个会场的图像时(仍然利用一条信道传输,在一台监视器上同时看到其他几个会场的组合图像),MCU 的视频处理单元就要对各个会场的视频信号进行解码,然后抽取部分视频信息组合起来,编码后再传送到目的端。

3. 音频处理单元

音频处理单元由语音代码转换器(ATC)和语音混合模块组成,它用来完成对语音信号的处理。处理过程中,语音代码转换器从各个端口输入的数据流的帧结构中分离出 A 率、μ 率的语音信号,并进行译码,然后送入混合器进行线性叠加,最后送入音频编码器,产生相应编码格式的数据并插入到输出的数据流中进行传输。

4. 数据处理单元

数据处理单元是可选模块,但在远程教育的应用中它是非常有用的。这一模块具有根据 ITU-T H.243 建议的数据广播功能,以及按照 ITU-T H.200/A270 系列建议的多层协议(MLP)来完成数据信息的处理的能力。

5. 控制处理单元

控制处理单元进行路由的选择,混合和切换音频视频信号,并进行会议的控制。若 MCU 有 N 个 E_1 端口,则信道的切换可以采用一个"$N \times N$"的切换矩阵来完成。

总之,MCU 将各终端送来的信号进行分离,抽取出音频、视频、数据和信令,分别送到相应的处理单元,进行音频混合或切换、视频切换、数据广播、路由选择、会议控制、定时及呼叫处理等,处理后的信号由复用器按 ITU-T H.221 格式组帧,然后经过网络接口送到相应的端口。

(四)会议电视系统的网络管理

利用 MCU 组成多点会议网络,当网络大到一定程度时,网络的维护和管理工作就变得很复杂。通常要配备和会议电视系统一同工作的网络管理系统,通过网络管理系统,对会议的进行和各项设备执行集中的控制和维护。

会议电视网络管理系统要完成的主要任务可归结如下:

(1)网络综合配置

设定网络设备的传输速率、控制数据通道的开关、选择视频和语音标准,对各端口进行设置。

(2)系统安全管理

能对系统的安全性进行分级管理与多层保护,还能对软、硬件配置进行统一管理,对版本进行维护,一旦软件需要更新,可通过网络管理系统进行远程下载。

(3)会议调度和管理

通过管理工作站,用户可在一个地方管理所有的 MCU,对整个会议进行全面的管理。

(4)设备状态测试

对网上正在运行的所有 MCU 和终端的实时工作状态进行监视,对设备软、硬件配置进行检查,并能够对系统动态性能进行分析与控制。

(5)故障诊断

诊断 MCU 和终端的故障,故障检测到单板级。一旦设备出现问题,帮助网络管理员及时方便地对系统故障进行定位,记录会议期间网络运行状态和故障现象、出故障的时间与地点等。

(6)导演控制

点名发言及切换均可在网络管理系统上操作,实现会议的导演控制方式,减轻主 MCU 的工作负荷,提高全网的稳定性。为了和不同厂家的网络管理系统互联提供接口,网络管理系统还应支持标准的网管协议 SNMP。

四、会议电视终端

(一)会议电视终端的主要功能

会议电视终端属于用户数字通信设备,它的主要作用就是将会议点的实况图像信号、语音信号,以及用户的数据信号进行采集、压缩编码、多路复用后送到传输信道上去,同时把接收到的会议电视信号进行分解、视音频解码,还原成对方会场的图像、语音及数据信号输出给用户的视听播放设备。会议电视终端还将本点的会议控制信号(如建立通信、申请发言、申请主席控制权等)送到 MCU,同时接受 MCU 送来的控制信号,执行 MCU 对本点的控制指令。会议电视终端在系统中的位置如图 12-3 所示。

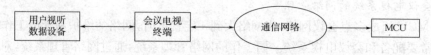

图 12-3　会议电视终端在系统中的位置

会议电视终端主要有以下四大功能(图 12-4):

(1)完成用户视频、音频和数据信号的输入和输出。

(2)对数字视频、音频信号进行压缩编解码。

(3)信道传输。

(4)系统控制功能。

(二)终端的组成

图 12-5 是会议室型终端设备的基本配置情况,这是最简单的配置。终端设备左边是用户 I/O 设备,包括摄像机、监视器、麦克风、扬声器及数据设备。由于终端设备的核心作用是编/解码,又常称终端设备为编/解码器。终端设备的右边是数字通信网和连接信道。

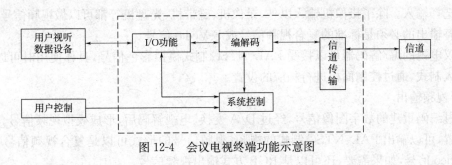

图 12-4 会议电视终端功能示意图

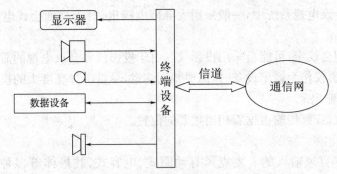

图 12-5 会议室型终端设备的基本配置

(三)信号的输入/输出

1. 视频输入/输出

(1)视频输入

会议电视终端设备的视频信号,大部分来自摄像机,其输出为模拟彩色电视信号。目前虽然有数字摄像机面世,但由于其压缩方式与会议电视的压缩方式不同,因而不能直接使用。

摄像机的质量有高低之分,大体上分为专业级、业务级、家用级三等级。对于大型的会议室型会议电视系统,可以采用质量较好的专业级或业务级摄像机;对于桌面型会议电视系统,一般采用家用级摄像机。与摄像机配套使用的有镜头、云台、云台控制器,会议室型系统的摄像机一般都要求配齐这三项设备。镜头要求是可调光圈的,以便控制曝光量,同时可以调节视距,调整聚焦;云台是用来控制摄像机拍摄角度的,通过电控的机械传动装置,使摄像机能在一定范围内上下左右转动;云台控制器是负责摄像镜头和云台动作的控制设备。

在会议室系统中,一般设置多台摄像机。一台主摄像机安装在主显示器的顶部,用来拍摄会场重要人物及内容;一台辅助摄像机安装在会议室的某一地方,用来拍摄会场的全景或其他需要传送的场面。

因为会议电视编/解码器在某一时刻制传输一路图像,对于来自多个摄像机的视频信号则要进行选择输入。除了摄像机输入以外,录像机、磁带机、光盘机等都可以做视频信号输入,但这些设备输出的必须是标准的复合视频信号或 S-Vedio 信号。

会议电视的编/解码器可以接受 PAL、NTSC 制式模拟彩色信号,具体使用时可以针对不同的输入制式,通过控制面板进行相应的设置。

(2)视频输出

经过编码重建的数字图像信号,经过 D/A 变换、电视解码后,形成模拟视频信号。根据不同的设置,可以输出 PAL、NTSC 制式的视频;视频信号的形式可以是复合视频信号,也可以是 S-Video 信号,如果需要,还可以是 RGB 方式输出视频信号。

会议室型的会议电视系统中,一般采用大屏幕电视机,对于桌面会议电视系统,可以借用计算机显示器。

对于某些大型会议室,可能会采用投影仪。由于投影仪和会议电视的需光量是矛盾的,所以,当要求采用投影仪作为输出设备时,需要特别注意,尽量选择亮度大的投影仪。

2. 音频输入/输出

在会议电视中,音频传输占据着相当重要的位置。

(1)语音输入

语音是通过麦克风输入的。麦克风有动圈式、电容式、驻极体等多种类型。从传声质量指标来看,动圈式麦克风最好;从灵敏度的指标来看,驻极体最好;而电容式的指标居中。由于会议电视传送的多为窄带语音信号,因此采用电容式麦克风即可。一般电容式麦克风的频响范围为 100 Hz~13 kHz,灵敏度为 -50 dB,输出阻抗为 2 kΩ,并具有心形线的指向特性。

(2)音频输出

经过解码器输出的数字音频,由 A/D 变换放大后,成为模拟音频信号,直接推动喇叭发出声音。

(3)回声抑制

在本地会场中,编码端要将麦克风的语音信号发送出去,但麦克风和扬声器里的解码输出语音同处于一个会议室空间,扬声器中发出的声音不可避免地回窜到麦克风中,因此,回声抑制器是必不可少的。

3. 数据的输入/输出

在会议电视系统中,除了可传输实时图像和语音之外,还可以传输各种数据,在 ITU-T H. 320 系统中,若传输码率较高,则往往留有专门的数据时隙,也可以将某一时隙中的某些比特留作数据传输,比如在 E_1 的会议电视中通常可以分配 64~128 kHz 的带宽,专门用作数据通信使用。而在 ITU-T H. 323 系统中,数据通信通常不占用带内的带宽,而是单独使用一个 TCP 连接进行通信。

第二节　铁路应急通信系统

一、系统概述

应急通信系统集合了 SHDSL、光纤、无线宽带、卫星及音视频压缩、编码和传输等多种先进技术,可以实现应急救援指挥中心与事故现场之间的话音、数据和图像(包括动图和静图)传输,为事故现场提供有线和无线通信服务,能够建立应急通信系统与调度、铁路自动电话网的互联互通,并对铁路既有静图系统和 117 事故救援台提供成熟的接入解决方案。

(一)系统特点

1. 技术先进、适用性强

系统设计采用了先进的 IP 软交换、ITU-T H.264 视频压缩编/解码技术、卫星通信、COFDM 无线调制技术、5.8 G 无线宽带技术、光纤接入技术、SHDSL 铜缆调制技术。

系统能适应复杂多变的应急现场应用,既可以利用车站/基站的有线传输资源,在传输条件不具备的情况下,也可以利用卫星通道,现场接入方式灵活多样。现场通信既可以采用有线方式,保证高质量的通话效果,也可以采用无线方式,实现现场救援的可移动性。

2. 集成度高、方便携带

现场接入设备综合话音交换、视频压缩编码、解码、语音压缩编码、以太网交换、光纤收发、COFDM 无线调制、动图和静图转发等功能于一体,使得现场设备数量大大减少,方便救援人员携带。

3. 操作简单、使用便捷

现场接入设备结构简单、接口指示清晰、操作简便,通道具备后全部设备开通时间在 15 min 内,符合铁路应急抢险的要求。

4. 结构坚固、稳定可靠

设备外壳采用了工程塑料,具有高机械强度、防尘、防雨、防晒、防寒、防震的特点,能够适应各种复杂恶劣的现场环境。

系统设计采用模块化、嵌入式设计,具有很强的可靠性和稳定性,能够最大限度地满足应急抢险的图像、语音和数据运用。

(二)系统功能

1. 现场内部话音通信

现场接入设备在事故现场至少能提供 8 部固定电话和 4 部无线专用手机,可以实现现场内固定电话之间、固定电话与无线专用手机之间、无线专用手机间的任意呼叫,也可以设置为热线直通、自动拨号等呼叫方式。

事故现场内部的话音通信能够保证现场各部门工作人员的密切沟通与协作,为快速准确地完成抢险任务,降低事故损失提供了技术保障。

2. 现场与外部通信系统间的话音通信

借助野战光缆、被复线、5.8 G 宽带无线或卫星接入方式,可提供事故现场与应急救援指挥中心、铁路调度网、铁路自动电话网及铁路 117 立接制人工话务台之间的双向话音通信功能。

事故现场与外部通信系统间的话音通信为各级领导机关对事故现场的直接领导和指挥提供了便利条件,使事故现场救援工作能够做到决策及时、指挥得当。

3. 现场动图上传

采用先进的 ITU-T H.264 图像压缩技术,可将事故现场采集的动态图像实时上传到应急救援指挥中心,并可在中心设置的图像服务器上进行存储,图像服务器为现场动图和静图的存储和访问提供服务。

现场动图上传到应急救援指挥中心,使应急救援指挥中心领导能够准确、快捷、直观地掌握现场的第一手资料,为现场救援工作提供决策支持。

4. 现场静图上传

现场救援人员可通过数码相机对现场事故进行拍摄,并通过现场接入设备,将现场拍摄的静图直接传送到应急救援指挥中心图像服务器。

5. 应急通信包

现场救援人员可背负应急通信包设备,在远离现场指挥中心的 1 km 范围内,对事故现场进行搜救、拍摄等活动;救援人员还可以与现场指挥中心随时保持通话联系,并将所拍摄的视频实时发送给现场指挥中心。现场指挥中心可以根据救援人员所拍摄的视频及救援人员对现场情况的陈述,对救援工作及时给予指导。

6. 远程数据通信

通过应急接入设备提供的数据接口,救援现场可与应急救援指挥中心建立数据通信通道,传递现场救援数据,增加应急救援指挥中心与事故现场的信息传递手段。

7. 现场图像存储和回放

图像服务器可以实时接收并记录现场动图和静图,对事故抢险后对事故过程的查询和事故原因的分析提供依据。

8. 多种现场接入方式

通过野战光缆、被复线、5.8 G 宽带无线或卫星等传输技术与传输介质,为事故现场与应急救援指挥中心之间提供 384 kb/s~2 Mb/s 的传输通道,可根据事故现场的实际情况选择适宜的接入方式。

二、系统的设备组成

当出现紧急情况时,工作人员可携带现场设备赶赴事故现场,将现场接入设备通过电缆、野战光缆等有线接入方式或 5.8 G 宽带无线接入方式,就近接入车站/基站传输系统,将现场话音、数据、图像传送到应急救援指挥中心,建立起应急救援指挥中心与事故现场之间的通信网络。

当事故现场与应急救援指挥中心之间的传输网络难以建立时,可以通过卫星传输通道,将现场话音、数据和图像传送到应急救援指挥中心,使应急救援指挥中心在第一时间内了解到现场情况,在最短时间内做出决策,部署有效应急抢救措施,为铁路正常生产提供保障。

应急通信系统由应急现场设备、中继设备及指挥中心设备三部分组成,系统组成如图 12-6 所示。

1. 现场设备

现场设备包括:现场应急通信包设备 WJJZB-Ⅱ、现场接入设备 WJJZ-Ⅱ、数据终端、话音终端、数码相机、摄像机。应急通信包可从应急现场采集语音、图像等业务信息,并将其传送到区间接入点,再通过传输设备传送到应急指挥中心,从而建立应急指挥中心与事故现场间的应急通信网络,还可以使远在指挥中心的领导在第一时间内了解各种复杂的实际情况,从而做出准确的决策。现场接入设备主要实现将事故现场的视频、语音、数据、采集的图像上传到指挥中心。

2. 中继设备

中继设备提供以太网数据业务,提供从现场接入设备到中继站这段距离的传输通道,现场动图、语音等信息通过中继站进入传输通道,最后传送至指挥中心。

中继设备根据中继站与现场的不同接入方式而有所不同,包括:电缆接入设备、野战光缆接入设备、宽带无线接入设备、卫星接入设备。前两者属于有线接入;后两者属于无线接入。采用有线或无线方式传输时,现场信息通过作为接入点的中继设备和传输网络资源传送到应急中心;采用卫星传输方式时,现场信息通过卫星传输通道和传输网络传送至应急中心。应急中心到现场的信息传送与上述过程相反。

3. 指挥中心设备

指挥中心设备包括:中心视频接入设备、中心语音接入设备、动图监视器和中心固定电话。

中心视频接入设备和中心语音接入设备分别通过以太网口相连接,将现场的图像、数据等进行解压缩,实现图像、数据的控制与处理。

动图监视器与中心视频接入设备相连,实时显示现场应急通信包设备采集的图像,供指挥中心侧指挥人员观看。

中心固定电话与中心接入设备相连,可与现场电话进行通话,实现直通电话、固定电话的功能。

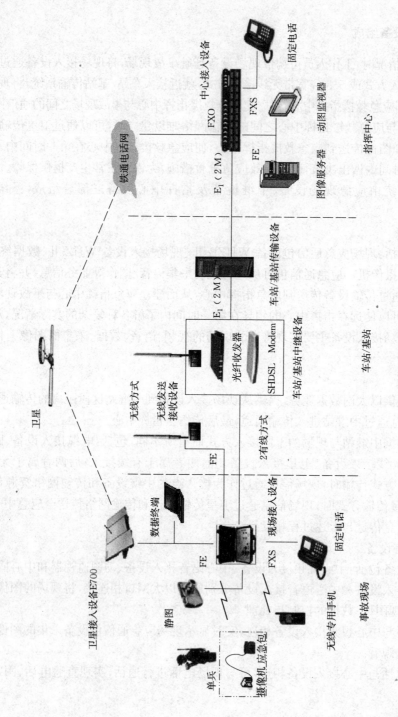

图12-6 应急通信系统的组成图

本章小结：会议电视能实时传送与会者的形象、声音及会议资料图表和相关实物的图像等，使身居不同地点的与会者可以互相闻声见影，如同坐在同一间会议室中开会一样。会议电视系统主要由终端设备、传输信道（通信网）、多点控制单元三部分组成。

应急通信系统实现应急救援指挥中心与事故现场之间的话音、数据和图像（包括动图和静图）传输，为事故现场提供有线和无线通信服务，能够建立应急通信系统与调度、铁路自动电话网的互联互通，并对铁路既有静图系统和117事故救援台提供成熟的接入解决方案。

应急通信系统由应急现场设备、中继设备及指挥中心设备三部分组成。

思考题

1. 简述会议电视系统对网络的需求。
2. 简述多点控制单元 MCU 的功能。
3. 简述 MCU 的端口连接方式。
4. 简述会议电视终端的组成和功能。
5. 简述应急通信系统的特点。
6. 应急通信系统现场设备主要有哪些？

参 考 文 献

[1] 胡思继. 综合运输工程学. 北京：清华大学出版社, 北京交通大学出版社, 2005.

[2] 李向国. 高速铁路技术. 北京：中国铁道出版社, 2009.

[3] 刘建国. 高速铁路运输组织. 北京：中国铁道出版社, 2012.

[4] 刘建国. 铁路运输管理体制改革模式研究. 北京：经济科学出版社, 2010.

[5] 贾利民. 高速铁路安全保障技术. 北京：中国铁道出版社, 2010.

[6] 刘建国. 高速铁路概论. 北京：中国铁道出版社, 2009.

[7] 铁道科学研究院高速铁路技术研究总体组. 高速铁路技术. 北京：中国铁道出版社, 2005.

[8] 刘建国. 高速铁路动车组. 北京：中国铁道出版社, 2013.

[9] 卢春房. 中国高速铁路. 北京：中国铁道出版社, 2013.

[10] 中华人民共和国铁道部. 铁路主要技术政策. 北京：中国铁道出版社, 2013.

[11] 刘建国. 高速铁路线路. 北京：中国铁道出版社, 2014.

[12] 中国铁路总公司. 高速铁路通信概念. 北京：中国铁道出版社, 2014.

[13] 铁道部科学技术司. 中国列车运行控制系统 CTCS 技术规范总则(暂行). 北京：中国铁道出版社, 2003.

[14] 宁滨, 等. 高速列车运行控制系统. 北京：科学出版社, 2012.

[15] 铁道部科学技术司. 分散自律调度集中系统技术条件(暂行). 北京：中国铁道出版社, 2003.

[16] 铁道部劳动和卫生司, 铁道部运输局. 高速铁路控制中心信号设备维修岗位. 北京：中国铁道出版社, 2012.

[17] 铁道部科学技术司. 铁路信号集中监测系统技术条件. 北京：中国铁道出版社, 2010.